경계인의 시선

연대보다 강력한 느슨한 연결의 힘

경계인의 시선

김민섭 지음

인물과
사상사

모든 경계에는 꽃이 핀다.
나와 세계의 모든 경계가 무너지리라.

– 함민복, 「꽃」에서

사람들은 많은 것을 등 뒤로 숨기고, 뒤에 서 있는 사람들만이 그것을 본다. 눈으로 볼 수 없는 위협은 대개 등 뒤에서 들이닥치고 뒤에 서 있는 사람들은 그것을 미리 본다. 김민섭은 늘 뒤에 선 사람이다. 숨은 것을 찾아내고 닥칠 것을 미리 보며 때로는 손을 뻗어 등을 두드려주고 필요할 때 앞으로 나아가도록 등을 힘껏 밀어준다. 이 책은 한 발 물러서서 타인을 바라볼 때 열리는 '광장', 그곳에 우리가 어떻게 함께 닿을 수 있는지에 관해 김민섭이 몸에 쌓인 언어로 쓴 기록이다. 읽고 나면 그를 따라 한 발 물러설 용기가 생긴다. 그것은 굉장한 일이다.

－ 김혼비(작가, 『우아하고 호쾌한 여자 축구』 저자)

글쟁이들은 간혹 본문에 쓰기 뭣한 말, 그러나 하지 않으면 안 될 말을 각주에 적어놓는다. 그럴 때 각주는 본문보다 중요한 내용을 담고 있다. 본문이 협상 테이블 앞에 마주 앉은 상대방에게 하는 공식적인 이야기라면, 각주는 자신의 옆에 앉은 동료에게 귓속말로 속삭이는 내밀한 말이다. 이 책은 그런 각주로 이루어져 있다. 김민섭을 좋아하는 독자들은 이 책에서 그의 진정 어린 목소리를 들을 수 있을 것이다.

－ 박민영(문화평론가, 『학교는 민주주의를 가르치지 않는다』 저자)

김민섭은 『나는 지방대 시간강사다』를 쓴 뒤 박사과정을 포기하고 세상 밖으로 나왔다. 그 뒤 그는 글을 통해 사회적 약자를 대변하는 일을 하고 있는데, 이 책 역시 대학원생과 조교 등 우리 사회 약자들의 이야기가 주를 이룬다. 이 책이 가진 최고의 미덕은 가진 자들이 선의를 가장해 습관적으로 저지르는 폭력을 성찰하게 만드는데, 나 역시 읽다가 뜨끔할 때가 많았다. 우리 사회에 강자보다 약자가 훨씬 많다는 것을 고려하면, 그가 대학 시스템을 박차고 나온 것은 어쩌면 한국 사회에 좋은 일이다.

— 서민(단국대학교 교수, 기생충학 박사)

김민섭은 발로 글을 쓰는 사람이다. 그는 세상에서 말해져야만 하는 것들을 향해 발걸음을 옮기고, 그곳에서 가장 정확한 것들을 끌어내어 글로 바꾸어놓는다. 사회에 대해 이야기하는 것 같으면서도, 그것은 사람에 대한 이야기이기도 하다. 그의 글은 삶과 유리된 모든 담론의 반대편에 있다. 그는 세상을 탐험하고, 글을 발굴하며, 그로써 세상을 바꾸어낸다.

— 정지우(문화평론가, 『분노사회』 저자)

김민섭을 처음 만났을 때 나는 "당신은 송곳이다. 비록 꺾이더라도 견고한 벽을 찔러서 작은 균열이라도 내라. 그래야 세상이 바뀐다!"고 충고했다. 대학에서 쫓겨나서 대리운전을 하고 있는 이에게 너무나 가혹한 이야기였다. 그러나 이 책을 읽어보니 그는 전기드릴로 바뀌어 있었다. 그가 한 번 드릴을 댈 때마다 우리 사회의 암세포는 미약해지고 건전한 세포가 성장하고 있다는 것을 확인할 수 있었다. 그는 아직 마이크로인플루언서에 불과하지만 곧 메가인플루언서로 성장해나갈 것을 믿는다.

— 한기호(한국출판마케팅연구소 소장)

나는 『대리사회』라는 책에서 이 사회를 거대한 타인의 운전석으로 규정하면서, "계속 거리에서 경계인으로 존재하며 거리의 언어를 수집하고 싶다"라고 썼다. 이 책은 내가 그 후속작인 『훈의 시대』를 쓰기 이전까지 쓴 글들을 모은 것이니, 사실 그 민망한 선언에 다소나마 부합하는 것이다. 각각의 장은 대학과 청년, 개인의 삶을 키워드로 하고 있다. 우선 이것을 포괄하는 '경계인'이라는 단어에 대한 나름의 규정부터 해두어야겠다.

내가 나 자신을 경계인으로 규정하게 된 것은 그 당시 속했던 처지 때문이다. 대학에서 대학원생이나 시간강사로 존재한다는 것은 사실 중심부도 주변부도 아닌 완전한 경계에 자리하는 것이었다. 교수도 아니고 학생도 아니고, 자신을 노동자나 사회인으로 여기기에도 어렵다. 그런데 어중간하고 어정쩡한 그런 그들에게는 필연적으로 하나의 물음표가 생기게 되는 때가 온다. '나는 지금 여기에서 무엇으로 존재하고 있는가?' 하는 것이다. 인간은 끊임없이 자기규정을 하며 삶의 의미를 획득해나가는 존재이기 때문이다. 그들은 자신과 닮은 타인의 삶을 살피고, 나아가 자신을 둘러싼 시스템이 가진 균열을 목도하게 된다.

경계인으로서 이 사회와 시대를 살아가는 수많은 개인이 있다. 그중에서도 '청년'은 그 이름만으로도 가장 경계에 자리하는 존재다. 청년을 수식하는 단어는 대개 꿈, 미래, 열정과 같은 설레는 것들이지만 동시에 모호하다. 역사적으로 청년세대와 기성세대는 부단히 사회적으로 경쟁해왔으나 지금처럼 어느 한 편이 완벽히 패배를 고백한 일은 별로 없었던 것 같다.

불과 몇 십 년 사이에 청년은 미래를 선도하는 주체에서 과거에 견인되는 피주체로서 전락하고 말았다. 그래서 그들 역시 '청년이란 무엇인가?' 하는 고민을 시작하게 되었고, 개인적 문제에서 구조적 문제로서 자신들의 문제를 인식하게 되었다. 어쩌면 'N포 세대'가 된 이들의 결혼, 취업, 출산 등의 포기는 개인적이라기보다는 구조적 저항에 가까울지도 모르겠다. 나 역시 여기에서 당사자로서 자유롭지 못했다.

내가 이 책에서 제시한 키워드 중 하나는 '연결'이다. 그러나 이것은 기성세대가 감각하는 '연대'와는 결이 다르다. 청년들은 서로 느슨하게 연결되기를 바란다. 비슷한 옷을 입고 비슷한 구호를 외치고 굳이 어깨동무를 하는 연대가 아니라, 어느 한 가지를 매개로 이어져 있으면 그만이라고 여기는 것이다. 취향이나 지향이 비슷한 타인과 만나고 그들의 개인 정보를 묻는 일을 금지한다. 이전에는 당연히 알아야 했던 나이, 학력, 직장, 고향과 같은 정보들은 이제 TMIToo much information가 되었다.

이제는 그러한 행동을 하면 '아재'라고 혐오의 대상이 되는 것을 넘어서, 조용히 무시당하고 만다. 이것은 종종 '힙함'이라든가 '쿨함'으로 이해되기도 하지만, 이렇게 만난 이들은 경쟁할 일도 없고 상처받을 일도 없다. 하나의 깃발과 구호 아래 움직이는 것이 아니라, 모두 개인 대 개인으로서 자신과 타인을 감각하면서 하나의 실체가 없어 보이는 조직을 움직여나간다. 나는 이것을 경계인이 된 최근의 청년들이 보이는, 가장 큰 세대적 특성이라고 믿는다.

나는 이제 시간강사도 아니고 청년도 아니고 나 자신을 무엇으로 규정해야 할지 잘 모르겠다. 대학에서 나올 때만 해도 30대 초반이었는데, 이제는 30대 후반을 바라보는 나이가 되었다. '계속 경계인으로 존재하고 싶다'는 바람과는 별개로, 내가 이제 어느 경계에 있는지도 명확하지 않다. 어쩌면 청년뿐만 아니라 모든 사람이 자신의 삶이 경계에 있다고 느낄지도 모르겠다. 기성세대도, 아재들도, 우리가 '갑'이라고 느끼는 그 누구도 그러할 것이다.

사실 완벽한 중심도 주변도 없다. 우리 모두는 경계인이었다. 중요한 것은 저마다 자신의 자리를 명확히 인식하는 것이다. 그리고 거기에서 나아가려고만 하는 것이 아니라 의식적으로 한 발 물러서서 자신의 모습을 타인과의 관계 속에서 관조해보는 일이 필요하다.

얼마 전 내가 만난 고등학생 노정석은 독서실의 삼파장 형광등 아래서 보낸 자신의 3년을 300여 편의 글로 기록해나가고 있었다. 교육자가 되고 싶다는 그는 나중에 자신이 무엇이 되든 지금 고등학생으로서의 마음과 바라보았던 것들을 잊고 싶지 않다고 했다. 나는 2015년에 대학에서 나오면서 썼던 문장 하나를 오랜만에 다시 인용해두고 싶다. "우리의 지금을 기록해야 하며, 그것으로 과거를 추억하지 않고 기억해야 한다"는 것이다. 그러한 자기규정이 우리를 경계인으로서 타인을 감각하며 살아가게 할 것이고, 다음 세대를 이해할 수 있게 만들어줄 것이다.

여전히 경계에서,
김민섭 보냄

■ 차례

■ 추천사　　6　　　■ 머리말　　8

제1장　대학은 정의로운가?　위법과 편법의 경계에서

대학과 교수와 조교　　17
위법과 편법 ｜ "총장과 이사장을 고발하고 싶습니다" ｜ 조교라
는 정체불명의 직함 ｜ 을과 을의 싸움 ｜ "왜 교수들은 침묵하
는 겁니까?"

교수님들의 자화상　　30
교수와 대학원생의 '갑을관계' ｜ 24시간 풀로 대기해야 하는 조교
｜ 교수님 대리운전 하는 노동자 ｜ '괴물'이 된 대한민국의 교수들

대학에 인권과 민주주의는 없다　　45
대학의 전횡에 맞선 싸움들 ｜ 대학, 촛불을 들다 ｜ 투기 자본과
대학의 '판돈'이 된 학생들 ｜ "기업화라도 제대로 하라" ｜ 법이
버린 존재, 시간강사

대학원생은 왜 노조를 설립했는가?　　59
대학원생은 학생이면서 노동자다 ｜ 조명탑에 올라가 고공농성
을 한 대학원생 ｜ 월 48만 원을 받는 'TA 제도' ｜ 대학원생과
시간강사는 절대적 약자 ｜ 자신의 삶을 변혁시킬 수 있는 거점

사과하지 않는 선배들　　74
눈에 보이지 않는 노동 ｜ "당신은 왜 여기에 있어요?" ｜ "나는
역사 교과서 국정화에 반대합니다" ｜ 아무도 사과하지 않는다
｜ '추억'하지 않고 '기억'하기

염치를 아는 대학이 되기를　　86

제2장 청년에게 말걸기 청년과 아재의 경계에서

몸으로 쓰는 언어의 힘   93
글은 스터디가 아니라 삶이다 ㅣ '공부 잘하는 놈'의 고백 ㅣ '그
냥' 버스기사의 고백 ㅣ 우리는 만나게 된다

오늘을 읽어내는 힘   105
주류를 지탱하는 무수한 비주류 ㅣ 생활 텍스트가 된 웹툰 ㅣ 동
시대를 반영하거나, 미래를 예비하거나 ㅣ 고백은 손짓이다

젊은 꼰대의 탄생   119
'취준생'을 마주한다는 것 ㅣ 정규직에 목숨 거는 신입사원 ㅣ
"언제부터 꼰대가 되었습니까?" ㅣ 누구나 어제보다 꼰대가 된다
ㅣ 조직의 논리에 동화되는 괴물

어른은 어떻게 성장하는가?   133
어른이 된다는 건 너무나 피곤한 일 ㅣ 재능 기부라는 언어 권력
ㅣ "더치페이하는 게 편해요" ㅣ "제발 꼰대가 되어주세요"

광장과 월드컵   146
내가 겪은 한국 현대사 ㅣ 거리에서 응원을 한다니 ㅣ "제가 술을
한잔 사도 될까요?" ㅣ 500만 명이 모이다 ㅣ 몸에 새겨진 역사

살아보니 돈은 별로 중요한 게 아니더라   161

제3장 연대하는 사회 느슨함과 긴밀함의 경계에서

분노의 글쓰기, 증오의 글쓰기   167
증오사회를 고찰하다 | 분노인가, 증오인가? | 숭고한 애도 |
증오는 모든 자리를 폐허로 만든다

타인을 외롭게 만드는 사람들에게   182
타인의 운전석에 앉는다는 것 | 발화 권력을 가진 존재들 | 젊
은 대리기사를 찾는 손님들 | "연탄가스 마셔 보지 않은 자와는
인생을 논하지 않겠다" | 타인의 말을 듣는 연습

작가는 왜 가난한가?   199
최영미 시인은 가난하다 | 가난을 강요받는 삶 | 느슨한 연대
| 우리시대 시인의 가격

책을 둘러싼 모험   216
책은 '쓰는' 것인가, '만드는' 것인가? | 초보 작가와 편집자 |
작가와 편집자, 어디에 선을 그어야 할까? | 독자는 작가의 삶
의 궤적을 좇는다 | 사람들아, 책 좀 사라

그해 겨울, 우리는 광장에 있었다   236
100만 명의 나와 만나는 심정 | '산책'에 자괴감이 든 사람들
| 누군가에게는 이미 일상이 '식민지'다 | N개의 촛불을 들고
광장에 서다 | "우리, 여기에 있다"

참담한, 자본의 애도   248

제1장 대학은 정의로운가?

위법과 편법의 경계에서

대학과 교수와
조교

위법과 편법

2017년 3월에 '대학의 법과 정의를 말하다'라는 제목의 토크 콘서트를 열었다. 영화 〈재심〉의 실제 모델로도 유명한 박준영 변호사와 대학 문제의 당사자인 대학원생과 시간강사들을 초대해 함께 이야기를 나누었다.

박준영 변호사는 대학과 관련된 소송을 진행해본 일이 없다. 그러나 토크 콘서트를 기획하면서 가장 먼저 그가 떠올랐다. 그에게는 '재심 전문 변호사'라는 별칭이 있다. 딱히 돈이 되는 일도 아니건만, 누군가의 억울함이 남은 판결을 들추어 다시 법정에 세우는 작업을 계속한다.

'삼례 나라슈퍼 강도치사사건' 재심이 대표적이다. 억울한 옥살이를 한 피해자들은 17년 만에 누명을 벗었고, 검찰은 "오랜

기간 정신적·육체적 고통을 겪은 피고인들과 그 가족들에게 진심을 담아 깊은 위로의 말씀을 드립니다"라고 사과했다. 박준영 변호사는 그렇게 "대한민국의 법은 정의로운가?"라는 질문을 한국 사회에 지속적으로 던져왔다.

나는 한동안 대한민국의 대학이 '위법'을 행하고 있다고 믿었다. 대학원생 조교로 행정노동을 하거나 시간강사로 강의노동을 하면서, 그 어떤 사회적 안전망을 제대로 보장받지 못했다. 건강보험, 퇴직금, 주휴수당 등이 모두 남의 이야기였다. 그러나 답답한 마음에 '근로기준법'이나 '국민건강보험법'을 들추어보고, 애써 그것을 해석해 보고서는 무척 서글퍼졌다. 딱히 위법이라고 할 만한 부분이 없었기 때문이다.

대학원생 조교는 노동의 대가를 임금이 아닌 근로장학금으로 받는다. 그에 따라 '노동자'가 아닌 '학생'으로 규정되기 때문에 근로기준법의 적용이 모호해진다. 시간강사는 대개 한 대학에서 주 9시간 이상 강의하는 일이 드문데, 주 15시간 이하 근로자는 건강보험 등 사회적 안전망을 보장받을 수 없는 '초단기 근로자'로 분류된다. 결국, 대학은 법을 잘 지키고 있는 셈이다. 적어도 법을 위반하지는 않는다.

하지만 이것은 위법이 아닐지라도 '편법'이다. 법의 느슨한 지점을 이용해 그 경계를 넘나들며 벌이는 비열한 행위다. 그래서 나는 박준영 변호사에게 묻고 싶었다. "지금 대한민국의 대학은 정의롭습니까?" 그것을 묻기에 더 적합한 사람이 떠오르지 않았다.

"총장과 이사장을 고발하고 싶습니다"

토크 콘서트를 기획하게 된 것은 동국대학교 대학원생 신정욱 때문이다. 사적인 자리에서 우연히 "근로기준법 위반으로 총장과 이사장을 고발하고 싶습니다"라는 말을 들었다. 행정 노동자인 대학원생 조교들이 노동자로 대우받지 못하는 데는 문제가 있으므로, 대학의 관리자인 총장과 이사장을 고용노동부에 고발하겠다는 것이었다.

거리의 편의점이나 패스트푸드점에서도 근로계약서를 작성하지 않으면 500만 원의 과태료를 즉시 물어야 한다. 임금을 제대로 지급하지 않았거나 각종 보험을 보장하지 않아도 처벌받는다. 그러나 대학은 학과 사무실과 연구소 등 여러 공간의 행정 노동을 대학원생 조교에게 전가하면서도 그 어느 기관의 눈치를 보지 않는다. 오히려 대학원생에게 장학금을 받을 근거를 만들어주니 그들에게 좋은 것 아니냐, 하는 태도를 보이기도 한다.

나는 신정욱에게 힘을 보태고 싶다고 말했다. 신정욱은 그때 동국대학교 일반대학원의 총학생회장이었다. 그래서 학과 대표자들과 긴밀히 협조할 수 있었고, 함께 '고발'을 결의하기에 이르렀다. 그 과정이나 동국대학교의 내부 사정에 대해서 나는 잘 알지 못한다. 다만, 그들의 외로운 싸움을 돕고 싶었다. 고민해 보니 고발을 하려면 변호사가 필요할 테고, 그러면 '수임비'가 발생할 것이었다. 얼마가 드는지 물어보니 '300만 원'이라고 했다. 그가 어두운 표정을 짓기에 나는 왜 그랬는지 "그거 같이 모아봅시다"라고 말했다. '대학의 법과 정의를 말하다'라는 다소 거창한 이름의 토크 콘서트는 그렇게 시작되었다.

우리는 300만 원을 모으기 위해 '다음 스토리펀딩(story-funding.daum.net)'에 프로젝트를 개설하고, 토크 콘서트 입장권을 후원 형식으로 판매했다. 1화 '학생에게 장학금이 아닌 임금을'로 시작해 11화 '대학원생의 연구는 누구의 것인가'에 이르기까지, 대학원생과 시간강사로서 대학에서 겪는 여러 부당한 처우에 대한 글을 썼다. 84일 동안 289명이 393만 8,500원을 모아주었다. 프로젝트 진행 비용을 제외하고 나면 변호사 수임비에는 조금 부족한 액수였지만, 그래도 기뻤다.

신정욱은 처음에는 "너무 많이 모이면 어쩌죠" 하고 즐거운 상상을 하다가, 나중에는 "부족하면 어쩌죠, 저 300만 원 모으겠다고 각서까지 썼는데요" 하고 불안해하기도 했다. 아직 20대 후반인 그는 나보다 열정적이고, 직설적이고, 또 거침이 없었다. 그러니까 '고발'이라는 방식을 택할 수 있었던 것이고, 그 이후를 계속 상상해나갈 수 있는 것이다.

2016년 12월 22일, 동국대학교 일반대학원 총학생회는 '근로기준법 위반'으로 총장과 이사장을 서울지방고용노동청에 고 발했다. 기자회견도 열었지만 이것은 그다지 화제가 되지 못했 다. 다음은 신정욱이 쓴 기자 회견문이다.

노동하는 자라면 누구나 '최저임금 보장', '주휴수당', '퇴직금', '4대 보험'과 같은 기본적 권리를 누려야 한다. 이는 국내법이 노동자에게 보장하는 최소한의 권리이다. 그러나 유독 한국의 대학은 학내에서 노동하는 학생들의 권리를 의도적으로 은폐· 배제하고 있다. 대학을 졸업한 학생들이 사회 곳곳에서 '노동 자'로 살아간다는 점을 고려한다면, 학생들의 노동을 정당하게 대우하여 올바른 노동관을 심어주는 것이 오히려 대학의 본분 이라 할 것이다. 그러나 대학은 '근로장학'이라는 명목으로 학 생들의 임금을 편법 지급함으로써, 실제 장학 수혜율을 부풀리 고 있다. 이는 명백히 근로기준법 위법 행위이다.

대학원생 조교의 경우 그 사정은 더욱 심각하다. 대학원생 다 수는 학업·연구에 대한 부담과 동시에 고액의 교육비 부담에 시달리고 있으며, 이를 완화하기 위해서라도 '조교'는 불가피 한 선택일 경우가 많다. 그러나 조교 업무를 시작하는 순간 각 종 잡무와 교수의 호출 등에 시달리며 학업은 정작 뒷전이 되 는 것이 대학원생의 현실이다. 그렇게 힘든 노동의 대가로 받 는 '장학금'으로는 등록금만을 간신히 충당할 수 있을 뿐이다.

또한 교수·직원에 의한 인권침해 피해자 대다수가 바로 '대학원생 조교'이다. 교수와 학교에 미래가 종속되어 있는 대학원생들은 스스로 '학업 중단'을 결심하지 않는 한, 자신의 피해를 떳떳하게 얘기하고 다닐 수조차 없다. 최저임금에도 미치지 못하는 노동을 하면서, 때때로 자신이 이런 대우를 받으려고 석사·박사학위 공부를 하고 있나 자괴감이 들면서도, 울분 한 번 제대로 터트리지 못하는 것이 대학원생의 현실이다.

그러나 바로 그 대학원생들이 오늘, 학교 당국의 '위법 행위'를 고발하기 위해 이 자리에 섰다. 우리는 동국대학교 2,000명의 목소리를 대변하여, 동국대학교 총장과 이사장을 근로기준법 위반 혐의로 고발할 것이다. 대학원생 조교는 업무 형태나 내용의 측면에서 교직원과 다를 바가 없음에도, 단지 학생이라는 이유로 노동권을 보장받지 못한다. 이는 명백히 위법이며, 반드시 학교 당국에게 그 책임을 물을 것이다.

당연히, 이는 동국대학교만의 문제가 아니다. 전국의 대학 총장과 이사장은 언제든지 자신이 피고발인이 될 수 있음을 명심하고 대학원생들의 요구에 응답해야 할 것이다. 노동하는 학생은 학생이자 노동자이지, 대학의 봉이 아니다.

조교라는 정체불명의 직함

많은 대학생과 대학원생이 대학의 상상 가능한 여러 공

간에서 '노동'을 한다. 학과 사무실에서, 도서관에서, 기숙사에서, 각 부처에서 '근로장학생'이나 '조교'라는 정체불명의 직함을 단 행정노동자로 존재한다. 학과 사무실에는 아예 교직원이 없는 경우도 흔하다. 그러면 대학원생 조교가 그 행정 공백을 채우고 대학생 조교가 업무를 보조한다. 특히 사립대학교에서 이런 현상이 심하다. 간혹 교직원이 있다고 해도 개별 프로젝트 업무를 담당할 계약직 직원을 학과에서 자체적으로 뽑는다.

그런데 노동하는 학생들에게 임금이 제대로 지급되는 일은 거의 없다('국가근로장학생'으로 선발된 학부생은 최저시급 이상을 보장받는다. 그러나 수업조교[TA]나 연구조교[RA]로 등록된 대학원생이나 '학습지원조교', '정보조교' 등으로 등록된 학부생은 대개 그러한 기준조차 없다). 그 대신 등록금의 일부가 감면되거나 근로장학금 명목으로 돈이 지급된다. 근로기준법에 명시된 사회적 안전망은 보장되지 않는다. 최저시급, 주휴수당, 4대 보험, 퇴직금 등 세상의 상식이 간단히 무시되는 것이다.

대학은 학생에게 임금이 아닌 장학금을 지급하면 그만이다. '근로장학금'이라는 마법의 단어에 학생들은 숨은 노동자가 되고 만다. 이를 통해 대학은 막대한 인건비를 줄이는 효과를 얻는다. 몇 명의 정규직 노동자를 고용하는 것보다 대학생·대학원생 조교의 등록금을 일부 감면해주고 근로장학생을 선발하는 것이 비용 절감에 노움이 된다.

동국대학교 대학원의 장학금 총액에서 '성적 우수 장학금'이 차지하는 비율이 0.32퍼센트고, '저소득층 장학금'이 5.89퍼센트에 불과하다. 그런데 '근로장학금' 비율은 32.03퍼센트에 이른다(2015년 대학알리미 참조[www.academyinfo.go.kr]). 이처럼 대학은 응당 인건비로 지출해야 할 금액을 장학금으로 돌린다.

사실 애초에 '근로'와 '장학'은 어울려서는 안 되는 단어다. 근로장학금이 존속하려면 노동하는 모든 학생에게 합당한 임금을 지불하고, 그 후에 "학생이면서 노동해주어서 고맙다"는 의미로 추가로 장학금을 지불하는 형태가 되어야 할 것이다. 근로장학금은 폐지되어야 하고, 그만큼의 금액을 '성적 우수 장학금'이라든가 '저소득층 장학금'으로 돌려야 한다. 대학원생들이 연구에 전념하면서 학비를 감면받을 수 있는 구조를 만들어야 한다.

모든 학생은 강의실에서는 학생이고 노동의 현장에서는 노동자다. 배움의 주체로서 학업에 필요한 아낌없는 지원을 받는 동시에 노동의 주체로서 온당한 대우를 받아야 한다. 그러나 대학은 법의 경계를 넘나들며 그들을 학생으로도, 노동자로도 바로 설 수 없는 유령으로 만들고 있다. 그렇게 그 거대한 몸집을 꾸역꾸역 유지해나간다.

을과 을의 싸움

시간강사 문제를 대하며 절망스러웠던 것은 내부의 조

직화가 제대로 되지 않는다는 점이었다. 특히, 오랜 시간 운동을 해왔다는 주체들 간에 서로 의견이 달랐다. '시간강사법'을 두고 서도 찬성과 반대가 갈렸다. 시간강사법을 찬성하는 이들은 "교원 지위를 확보해야 한다"고 했고, 반대하는 이들은 "현 법안이 통과되면 3분의 2에 가까운 일자리가 사라질 것"이라고 했다(시간강사법은 2019년 8월 1일부터 시행되었다).

대학원생 조교 문제에 관심을 가진 어느 정치인에게 시간강사 문제에 대한 의견을 묻자, 그는 "아니, 시간강사법 찬성해달라고 해서 우리도 그렇게 준비하고 있었는데 또 반대한다고 피켓을 드니까, 어떻게 해야 할지 모르겠어요"라고 답했다. 무엇이 정의인지 명확하지 않아서 그도 아마 혼란스러웠을 것이다. 그러면서 대학원생 문제는 주체들 간에 그러한 갈등이 없으니 접근하기가 나은 편이라고 했다. 당사자들의 의견이 충돌하는 동안 시간강사법은 계속 시행이 유예되었고, 대학은 여전히 시간강사들을 대학의 유령으로 대하며 웃었다.

그런데 토크 콘서트 중, 동국대학교에서 왔다는 어느 대학원생은 다음과 같은 질문지를 제출했다.

> 조금이라도 힘을 보태고자 후원에 참여했는데 동국대 조교 인원이 80퍼센트로 감축되는 사태가 벌어져 죄책감이 듭니다. 실제로 학내 구성원들의 원성도 잦은데 앞으로 어쩌면 좋을까

요? 무거운 질문 죄송합니다.

　동국대학교 측이 고발에 대응하는 방식은 상식적이거나 합리적이지 않았고, 정의롭다고는 더욱 말할 수 없었다. 우선은 조교들을 찾아다니며 '고소 취하장'에 서명하기를 권했다. 거기에는 "저는 학생으로서 본분에 충실하고자 하며 이 사건으로 인해 총장님과 이사장님을 비롯한 학교의 관계자들이 처벌을 받는 것을 원치 않습니다"라고 명시되어 있었다. 서명한 이들에게 '다음 학기 조교 선발 우선권을 주겠다'고도 말했다는 것 같지만 확인되지는 않았다.

　그들이 바란 '학생으로서 본분'이 무엇인지는 잘 모르겠다. 그러면서 조교 제도가 개편되면 어떠한 불이익이 있을지에 대한 대조표도 만들어 홍보했다. 퇴직금과 4대 보험을 보장하면 월 수령액이 오히려 줄어들고 대학원생을 행정조교로 선발하지 못할 수도 있다는 협박에 가까운 내용이었다.

　특히 대학원생들은 국가 프로젝트 연구원으로 참여할 수 없을 것을 가장 걱정했다. 대표적으로 BK21사업은 "4대 보험을 받는 대학원생은 사업에 참여할 수 없음"을 명시하고 있다. 그러니까, 다른 노동을 하면서 연구원으로 일하기는 불가능한 것이다. 그러나 조교 노동은 4대 보험을 보장하지 않으니 중복 수혜가 가능하다. 역설적으로 그것은 악법이 만든 숨을 쉴 만한 틈새다. 조교 장학금을 받으며 연구원으로도 일하면 대학원생들은 그럭저럭 생계를 유지할 수 있다. 이것은 대학원생들에게 흔들려서는 안 될 생계 그 자체인 셈이다.

동국대학교 측은 대학원생들의 가장 약한 고리를 건드렸고, 그것으로 그들이 서로 반목하도록 만들었다. 시간강사들이 둘로 갈라지듯, 그 당사자들이 전쟁을 하게 한 것이다. 을과 을의 새로운 전쟁을 부추기고서 자신들은 뒤로 빠졌다. 비상식과 비합리를 목도하고 문제를 제기한 이들에게, 우리는 종종 책임을 묻는다. '너희가 조용히 있었다면 아무 일이 없었을 텐데, 괜히 나서서 모두의 삶을 더욱 고달프게 만들었다'고 비난한다. 그러나 우리는 문제 제기자에게 손가락질하기를 멈추고, 잘못된 제도를 바꾸는 데 힘을 모아야 한다.

예컨대 4대 보험 가입으로 국가 프로젝트 참여가 힘들어진다면, 그 제도를 바꾸어야 한다. 그러니까 학교 내부의 조교 노동에 대해서 예외 규정 두기를 요구하면 그만이다. 그에 더해 동국대학교 측이 제시한 대조표를 참조하면, 월 수령액이 다소 줄어든다고 해도 퇴직금을 받을 경우 연봉 총액은 10만 원가량 줄어드는 데 그친다. 그러나 고용보험 가입에 따라 실업급여를 신청하면, 오히려 실수령액은 개인에 따라 수백만 원까지 늘어나게 된다. 동국대학교 측은 이러한 사실을 따로 고지하지 않았다.

"왜 교수들은 침묵하는 겁니까?"

박준영 변호사는 토크 콘서트에 패널로 참가한 최은혜 (인문학협동조합 연구복지위원장), 신정욱, 김선우(고려대학교 일반대학원 총학생회장), 이영이(전 상명대학교 강사)의 이야기를 경청했다. 그러고는 특유의 재치를 섞어서, 때로는 재심의 경험에서 나온 진지함을 보이며, 답을 해나갔다. 나는 그가 했던 말 중 다음의 말이 가장 기억에 남는다.

대학원생과 시간강사들이 이렇게 어려움을 겪고 있는지 잘 몰랐습니다. 그런데 왜 교수들은 침묵하는 겁니까?

그에 따르면 많은 사람이 쉽게 정의로움과 대의를 말하지만 자기 영역의 정결함을 돌아보지는 않는다. 박준영 변호사는 제자들의 삶에 공감하지 않는 교수들의 모습을 비판했다. 그러한 정의로움이 얼마나 공허한 것인지 이야기하는 그를 보면서, 그를 토크 콘서트에 초대하기를 잘했다고 생각했다. 토크 콘서트를 마치며, 나는 이렇게 말했다. "대한민국의 정의로움을 묻기 이전에, 자기 영역의 정의로움을 먼저 물을 수 있어야 합니다. 지금 여러분은 어떻게 존재하고 있습니까?"

나는 지금 대한민국의 대학이 정의로운 공간이라고 생각하지 않는다. '진리의 상아탑', '지성의 전당'이라는 수식어로 자신을 포장하고 있지만 사회적 책임을 다하고 있는지 의문이다. 지식을 만드는 공간이 적어도 햄버거를 만드는 패스트푸드점이나 거리의 편의점보다는 더 사람을 위해야 한다. 그것이 '대학'이다.

교수님들의
자화상

교수와 대학원생의 '갑을관계'

2016년 여름, 정의당 부설 정책연구소인 미래정치센터의 의뢰를 받아 '대학원생 연구환경 실태 및 제도개선 방안'이라는 제목의 연구 용역을 진행했다. 개인적인 작업은 아니었고 '인문학협동조합 연구복지위원회' 소속 젊은 연구자들과 함께했다('인문학협동조합'은 2013년에 젊은 인문학 연구자들의 주도로 창립되었으며, "인문학으로 이 사회와 동료 인간들에게 기여하고, 조합 안의 인간들이 조금이라도 나은 '경제'와 '마음'을 누리게끔 하는 협동체"다. 연구복지위원회를 중심으로 젊은 연구자들의 연구환경과 노동환경 개선에도 힘을 쏟고 있다). '연구환경'에 노동과 인권이라는 단어를 포함하고 그 개선책을 제안하고자 했다.

한국 사회가 대학원생 문제에 관심을 갖고 그와 관련된 실태조사에 나선 것은 비교적 최근인 2010년 이후의 일이다. 그 무렵 교수와 대학원생의 '갑을관계'에서 비롯된 각종 사건이 터졌고, 일부 매체가 불합리한 대학원 사제관계에 대해 다루었다. 그러나 그러한 의제들은 구조에 대한 접근이나 현실적 대안을 제시하지는 못했다. 2011년에는 카이스트 대학원 총학생회가, 2013년에는 포스텍과 중앙대학교 대학원 총학생회가, 2014년에는 고려대학교 대학원 총학생회와 인문학협동조합이 공동으로 대학원생 인권·연구환경과 관련된 조사를 했다(2013 포스텍 연구환경실태조사, 2013 중앙대학교 대학원생 인권실태조사, 2014 고려대학교 연구환경실태조사).

이러한 움직임은 단순히 사제관계에만 주목해오던 저널리즘적 관심에서 벗어나 대학원생이 처한 여러 문제를 구체화하는 계기로 작용했다. 예컨대 등록금이나 생활비 조달과 관련된 경제적 문제, 학생·연구자·조교라는 다중 규정 속에서 겪게 되는 정체성 문제, 지도교수뿐 아니라 선후배와의 관계에서 파생되는 위계 문제 등이 거론되기 시작했다.

2014년부터는 개별 학교 차원에서 실시되던 대학원생 연구환경 실태조사를 국가 차원에서 다루기 시작했다. 2014년에 대통령 직속 청년위원회와 전국 14개 대학교 대학원에서 공동으로 「대학원생 연구환경 실태 보고서」를, 2015년에 국가인권위원회(인권위)에서 실시한 「대학원생 연구환경에 대한 실태조사

보고서」를 제출했다. 특히 인권위에서는 국내외 법규나 사례 등을 조사하고, 설문조사와 함께 심층 인터뷰 등을 실시해 파생되는 여러 문제를 보고서에 정리했다. 나아가 이를 토대로 고등교육에서 대학원(생)의 지위를 고려한 정책적 제언까지 포함했다(① 일할 수 있는 자리를 늘리는 것[대학에서 수행하는 연구 프로젝트를 더 늘릴 수 있도록 국가 차원의 연구비 배분 정책을 합리화하는 것], ② 대학원생이 하는 일에 대한 보수를 현실화하는 것, ③ 대학원생이 학업에 열중할 수 있도록 제도적 여건을 만들어주는 것으로 요약된다. 그에 더해 학부와 분리된 대학원 행정실 설치·운영, '대학원생 권리장전' 제정과 인권센터 의무화, 정기적인 연구환경 및 인권 실태조사, 대학평가에 연구환경 개선 정도를 반영하는 내용이 있다).

그간의 보고서, 특히 국가 차원에서 주도한 경우는 대규모 단위의 설문조사가 함께 이루어졌다. 그러나 인문학협동조합에서는 그러한 방법론을 따르기 어려웠기에 '그룹 인터뷰'를 하기로 결정했다. 가용 인력·예산·기간 등을 고려할 때 그 방식이 가장 적합한 것으로 판단되었다. 전국의 대학교 10여 곳을 그 대상으로 정하고 전·현직 대학원생 조교들을 모집해 인터뷰했다(이때 인문학협동조합은 인문계열을 전담했고, 이공계열은 카이스트 일반대학원 총학생회에 다시 의뢰했다).

24시간 풀로 대기해야 하는 조교

인문학협동조합의 젊은 연구자들은 2016년 여름에 서울과 부산을 오가며 약 50명의 대학원생을 만났다. 그리고 조교 업무의 종류, 조교 모집 방식, 계약서 작성과 급여 지급 방식, 사회적 보장 여부, 조교 업무 중 힘들었던 점, 자신의 정체성을 규정하는 방식, 노동환경 개선을 위한 대안 등에 대해 물었다.

조교 업무의 종류는 학교마다 조금씩 다르기는 하지만 학과 일을 도맡아 하는 학과조교, 교수 1인당 1명씩 연구를 돕는 연구조교, 특정 인원수 이상의 강의를 보조하는 수업조교 등이 공통적으로 있고, 학교 내의 기관이나 본부에서 행정 업무를 맡아 하는 행정조교가 있다. 각 학교는 이들 조교의 업무 조건에 대해서 명시하고 있으나, 명시된 내용과 실제 수행하는 업무 사이에 큰 격차가 존재한다. 업무에 관한 규정이 상당히 모호하고 포괄적이기 때문이다.

소속 학과에 따라 업무 환경에 차이가 있어서 같은 행정조교라 해도 수업조교 일을 분담하거나, 관행적으로 내려오는 학과 일을 떠맡는 경우가 많다. 특히 업무 시간에 대한 규정은 있기도 하고 없기도 한데, 업무 시간이 있더라도 대개의 경우 전혀 지켜지지 않고 있다.

조교 모집 방식은 공개 채용 등 별도의 모집 과정 없이 정해진다. 대학본부에 속한 행정조교는 그렇지 않지만, 학과조교·연구조교·수업조교의 모집은 대개 내정이나 권유(강권)를 통해서 정해진다. 이에 따라 조교가 되고 싶은데 못되거나, 조교가 되고 싶지 않은데 되거나, 하는 일이 일어난다. 대학원생이 학내에서 일할 수 있는 자리는 조교가 거의 유일한데, 이런 상황에서 많은 경우는 동일 학부 출신만을 학과조교로 뽑는다. 타대학 출신이 학내에서 일자리를 구하기는 매우 어렵다. 조교 모집 방식의 불투명함은 결국 '자대 출신 남자'로 대표되는 학벌과 젠더의 문제를 만들어내고, 선발 권한을 가진 교수의 절대적인 권력 문제 역시 부각시킨다.

저희 과의 경우에는 조교가 내정이 되어 있어요. 쥐도 새도 모르게 누군가가 뽑혀 있는 거죠.……본인이 하고 싶어도 교수님과 관계가 좋지 않거나 연결되어 있지 않으면 조교를 절대 할 수 없습니다. 학기가 낮을 때부터 교수님과 친분이 있었다고 한다면 그 학생은 2년 내내 장학금을 받을 수 있게 되는 거죠. 그 중간에 조교가 다시 뽑히거나 하는 일은 거의 없어요.

과마다 다를 것 같은데, 저희 같은 경우에는 지정을 해줍니다. 지도교수님 제자 중에 제일 할 일 없는 학생들로. 그리고 결혼을 안 했거나 하는 식으로요. 왜냐하면 24시간 풀로 대기를 해야 하기 때문이죠.

응답한 대학원생 조교들은 우선 모두가 '근로계약서'를 쓰지 않았다고 밝혔다. 몇몇 학교에서 조교 업무를 수행한다는 서약서에 서명을 한 정도가 전부였다. 서명한 문서의 명목과 내용을 구체적으로 인지하고 기억하는 이들은 없었는데, 그 문서가 업무의 내용과 급여 지급 방식 등을 현실적으로 규정하는 역할을 하고 있지 않기 때문이다.

급여는 공식적으로 '장학금'이나 '등록금 면제'의 형태로 지급된다. 월급제도 있으나 예외적인 경우였다. 여기가 주목해야 할 지점이다. 임금이 아닌 장학금을 받기에, 근로계약서를 쓰는 것부터 시작해 거기에서 응당 파생되어야 할 사회적 보장을 전혀 받지 못하는 것이다.

> 학기 초에 계약서는 아니고, 뭔가를 쓰기는 해요. 기억은 안 나는데, 서명을 한 기억이 나요. 조교에 대한 일이 명시되어 있거나 시간 그런 게 적혀 있지는 않아요. 들은 것도 없어요. 그냥 선배들 말로는 이런 거, 이런 거 해야 해. 대충 얘기는 들었어요.

> 학교 차원에서 근무서약서를 받습니다. 이 서약서에는 총장 귀하로 해서 서명을 하고, 담당 지도교수, 학과장, 학장 등이 모두 서명을 합니다. 그런데 시간 '이상'으로 명시되어 있습니다. 제한된 시간이 없는 것이죠.

조교 업무 중 힘들었던 에피소드를 묻자 아픈 이야기가 여럿 쏟아져나왔다. '무용담' 같기도 했다. 듣는 이도, 말하는 이도, 모두 힘겨운 시간이었다. ① 행정적 책임의 과도한 부과, ② 과중한 업무, ③ 업무 대가의 미지급, ④ 교수의 사적인 심부름까지 도맡아야 하는 부당한 상황 등이었다.

학과조교들이 특히 과도한 행정 책임을 지고 있었다. 학과 행정뿐 아니라 그에 따른 사업의 준비와 진행에 모두 참여하는 것이다. 드물게나마 행정교직원을 뽑는 학과가 있지만 그것이 실질적 대안이 되지는 못한다. 6개월에서 1년마다 바뀌는 학과 행정교직원은 업무 파악을 제대로 하지 못하고, 오히려 학과 일에 익숙한 조교들이 더 많은 일을 하게 된다. 단순히 교직원의 채용을 대안으로 세우기가 어려운 실정이다. 그에 더해 "내가 이런 일까지 해야 하나" 싶은 일도 한다. 정확한 업무 지침이 마련되어 있지 않기 때문에 거의 모든 '잡일'에 내몰린다.

교수님 대리운전 하는 노동자

교수나 선배가 장학금을 기부하게끔 강요하거나, 그렇게 모은 공금을 교수가 사적으로 쓰는 일도 언급되었다. '장학금 쪼개기'는 여러 학과에서 거의 관례로 굳어졌다. 한 자리에 두 사람을 쓰고 한 사람분의 장학금을 나누어 갖는 것이다. 교수의 사적 심부름같이 업무 외에 부여되는 노동 역시 상당하다. 이는 업무 규정 자체가 모호하다는 사실과 연동되는 현상이다. 사소하게는 연구 외적인 사정으로 책을 계속 빌려오게 하는 것에서부터 자녀교육과 개인생활 문제 등을 대학원생에게 의지하는 모습을 보인다.

물론 조교 업무에 대해서 아무런 불만이 없는 경우도 존재했다. 노동이라고 말하기 민망할 만큼 편하게 일하며 등록금을 면제 받고 있다는 것이다. 그러나 이는 대부분이 경험한 부당한 처우나 구조적 문제에서 극히 예외적인 경우다.

> 교수님이 사적인 일을 시키는 게 힘들었습니다. 교수님 자녀가 어린데, 어린이집을 제가 알아보러 다녔어요. 어린이집이 어떻다는 것을 알아보고 어린이집 원장과의 면담 시간도 제가 잡았죠. 그리고 면담하러도 제가 함께 갔어요. 연구와 전혀 상관없는 일들을 많이 하는 것이 부당하게 느껴졌습니다.

> 교수님께서 개인적인 심부름을 시키는 경우가 많죠. 자신이 들어오기 전에 연구실 에어컨을 틀어놔라, 그리고 물을 미리 준비해놔라, 커피를 사다 놔라, 하는 것들이요. 이런 것들은 뭐 너무 비일비재해서요. 돌아가면서 교수님 방 청소해라, 구두 닦아 와라, 하세요.

처음에는 너희 월급으로 얼마만큼이 책정되어 있다고 말을 하지만 그것을 랩실 공용 돈으로 넣어놓자고 (반강제적으로) 함께 제안을 합니다. 그래놓고는 행사가 있거나 외부 교수님들을 만날 때, 아니면 지도교수님 개인적인 일들, 이를테면 사모님이랑 식사를 하시거나 기념일을 챙겨야 할 때 공용 카드를 지도교수님께서 긁는 것이죠. 회식비로 영수증을 첨부할 때 여러 명이 먹는 것이니 돈이 많이 지출되어야 할 테니, 사모님과 엄청 비싼 곳에서 외식을 하시더라고요. 그렇게 외식한 뒤에는 누구 누구 누구 박사들 밥 먹었다고 (본인이 회의를 하고 밥을 먹었다고 서류에 첨부할 수 있도록) 사인해오라는 식이에요. 한두 번쯤이야 그럴 수 있다고 생각합니다만, 이게 너무 과하다 싶을 때가 많습니다.

대학원생 조교가 자기 자신을 규정하는 방식은 다양했다. 노동자, 연구자, 연구노동자, 학생, 대학원생, 노예 등이다. 다만 학교별로 노동자적 정체성이나 연구자적 정체성을 강조하는 경향이 다소 달랐다. 조교 노동을 노동으로 보기는 하지만 '노동자'로 규정되고 싶지 않아 하거나 연구자나 대학원생으로 남고 싶어 하는 부류가 많은 비율을 차지했다.

이들은 업무환경 개선과 조교 급여의 현실화에 대해서는 찬성하지만, 4대 보험 가입 같은 문제에 대해서는 반대하는 경향을 보였다. 그러나 적극적으로 자신을 노동자로 규정하는 비율이 높았고, 일부는 연구 자체를 노동으로 보는 '연구노동' 개념에 동조하기도 했다.

> 이건 생각하기 나름인 것 같아요. 저는 석사를 올 때의 마음가짐 자체가 연구자였기 때문에 아무리 핍박과 눈물의 세월을 보냈어도 대학원생이고 연구자라고 생각을 했습니다. 그렇기 때문에 그 어려움을 모두 견뎠던 것 같습니다.

> 저는 대학원생이 되기 위해서 대학원에 왔는데요, 오히려 연구자, 노동자만 남은 것 같습니다. 대학원생이라고 하면 배우기 위해서 대학원에 온 학생들을 말하는 것일 텐데요, 오히려 수업을 들으러 가면 수업을 왜 많이 듣냐고 혼나고 연구실 일을 하라고 강압적인 제안을 받는 경우가 많았거든요. 교수님 이삿짐 옮기러 가거나 교수님 대리운전 하는 노동자라고 생각해요.

4대 보험과 퇴직금 보장 등 근로기준법을 조교 노동에 적용하는 문제에 대해서는 거부감을 보이는 이가 많았다. 오히려 교수의 행동을 교정하는 프로그램의 기획이나 학생의 정신 감정을 담당하는 부서의 설립, 대학원생 전반의 복지를 증진하는 방식 같은 것을 대안으로 제시했다. 그렇기에 '조교 노동 정상화'

라는 당위만을 내세워 접근하는 방식은 당사자들에게 외면 받을 수 있다는 점에서 위험하고, 더 섬세한 접근이 필요하다고 판단된다.

아울러, 자기 자신에 대한 다양한 규정은 대학원생들이 얼마나 정체성 혼란을 겪고 있는지를 말해준다. 필연적으로 겪어야 할 과정으로 볼 수도 있지만, 대학이 이들을 대하는 태도가 그것을 필요 이상으로 가중시킨다. 자기 자신을 노동자가 아닌 연구자로 규정하는 이유를 묻자, 누군가는 "그것마저 부정하면 우리에게 뭐가 남나요?"라고 되물었다. 결국 그에게 연구자라는 자기규정은 흔히 짐작하는 지적 자부심이라기보다는 마지막 남은 한 줌의 자존감이었다.

'괴물'이 된 대한민국의 교수들

'대학원생 연구환경 실태 및 제도개선 방안' 연구를 진행하며 젊은 연구자들이 가장 많이 했던 말은 "이건 정말 너무하잖아"였다. 사실, 모두 짐작하고 있었던 내용이지만 그것을 당사자에게 직접 확인하는 과정이 그들을 분노케 했다. '그들의 이야기'가 아니라 '나의 이야기'이고 '우리의 이야기'였기에 더욱 그랬다. 연구가 진행되는 동안 분노, 허탈함, 무력감 등이 계속해서 커졌다.

조교 노동환경의 문제는 필연적으로 연구와 인권환경과 연동

된다. 그 정점에는 너무나 많은 권한을 위임받아 '괴물'이 된 대한민국의 교수들이 있다. 이것은 어느 한 교수, 교직원, 대학원생의 문제가 아니다. 그러니까 개인의 문제라기보다는 구조와 시스템의 문제라고 할 수 있다. 나는 지속적으로 교수들 역시 피해자임을 주장해왔다. 눈치 보지 않아도 되는 권력은 부패하게 되어 있다.

예컨대 제자에게 인분 먹기를 강요했다는 '인분 교수'가 대학이 아닌 일반 기업의 관리자였다면, 그처럼 극단적인 악마성을 드러내지 않을 수 있었다. 자신을 견제하는 회사 안팎의 제도가 있고, 그에 따라 '좋은 사람 코스프레'라도 하게 되기 때문이다. 그러나 대학에는 '교수와 대학원생'이라는 관계를 견제할 만한 그 어떤 여건도 형성되어 있지 않다. 권력자의 양심과 인격에 기대고 있을 뿐이다.

우리는 크게 2가지 정책을 제언했다. 첫째, 대학원생의 조교 노동에 근로기준법을 적용하고 그에 따라 '근로장학금'을 폐지해야 한다. 근로와 장학은 함께할 수 없는 개념이며 노동에 따른 임금을 지급하고 추가적으로 장학금을 지급하는 형태로만 존속해야 한다. 둘째, 인권센터 설립을 법제화해야 한다. 인권센터는 소수의 몇몇 대학에서 제한적으로 운영되고 있는 실정이다. 그러나 모든 대학에 인권센터의 설립을 법으로 강제하고, 이것을 대학 평가지표 항목에 포함해야 한다. 대학원생뿐 아니라 대학

의 모든 구성원이 불합리한 일을 당했을 때 인권센터의 도움을
받을 수 있어야 한다. 이를 위해 교육, 징계·심의, 갈등의 중재,
조정, 데이터베이스 축적, 환경개선을 요구할 권한 등을 모두 부
여해야 한다.

　인권센터가 제대로 기능할 수 있는지에 대해서 회의적인 시
각을 갖는 대학원생이 많았다. 예컨대 교수가 인권센터장이 되
거나 심리학과 학생들에게 상담을 맡기는 등 학내 권력에 영향
을 받아 형식적으로만 존재하게 될 수도 있다. 인권센터를 운영
하는 한 사립대학은 그것이 행정부총장 산하로 등록되어 있다.
독립적 활동이 원천적으로 불가능한 것이다.

　그렇지만 인권센터가 상징하는 바는 크다. 그 존재감만으로
도 대학원생을 비롯한 대학의 '힘없는 구성원'들에게 큰 힘이 되
고, 교수를 비롯한 '힘 있는 구성원'들에게는 누군가의 눈치를
볼 근거가 된다. 나는 교육과 징계·심의 기능이 가장 중요하다고
본다. 학기마다 대학의 모든 구성원을 대상으로 대학 내 인권 관
련 교육을 진행해야 한다. 그것을 이수하지 않는 교수는 해당 학
기의 수업을 하거나 학생의 논문을 지도할 수 없어야 하고, 학생
도 수강 신청을 하거나 논문을 쓸 수 없어야 한다.

　권력이 사유화된 공간에 오래 있다 보면, 보고 싶은 것만 보거
나 듣고 싶은 것만 듣게 된다. 끊임없이 자기검열을 하는 사람도
있기 마련이지만, 그것은 결코 쉬운 일이 아니다. 대학원생 역시

자신이 대학 내에서 주체성을 가진 하나의 객체이며 보호받아야 한다는 그 당연한 감각을 새롭게 인식해야 한다. 대학원생의 '인정 투쟁'이 교수의 감수성을 무디게 만드는 사례는 무척 흔하다. 대학 내에서 인권 교육은 그 차이는 있을지라도 상호 영향을 주고받는 양측에게 동일하게 이루어져야 한다.

연구 용역 보고서는 2016년 10월, 정의당 부설 정책연구소인 미래정치센터에 제출되었다. 그러나 용역을 발주한 조성주 센터장이 자리에서 물러나면서 이 보고서는 정당 내부에서도 제대로 활용되지 못했고, 2017년 대선을 거치는 동안에도 그 어느 정당도 대학원생 관련 의제를 제대로 다루지 않았다. 전국대학원총학생회협의회와 관심을 가진 일부 단체에서만 논의가 맴돌았을 뿐이다.

당시 대선 후보였던 안철수는 자기 딸의 재산공개를 거부하면서 "(딸이) 미국에서 조교 생활을 하며 독립 생계를 유지하고 있다"라고 했다. 그것은 사회적으로는 별 탈 없이 받아들여졌지만, 대학원생들에게는 자괴감을 키웠다. 대한민국에서 대학원생은 조교 생활로 독립 생계를 유지하는 것을 상상할 수 없고, 간신히 '생존'하고 있을 뿐이다. 어느 대선 후보가 대한민국의 대학원생 역시 독립 생계를 유지할 수 있게 정책을 만들겠다고 공약했다면 좋았겠지만, 그 누구도 그러지 않았다. 다만 상대 후보를 비난하는 도구로만 이용하는 모습을 보였다.

이제는 한국 사회가 "대한민국의 대학은 정의로운가?" 하는 질문을 던질 때가 되었다. 대학원생의 숨은 노동은 하나의 의제일 뿐이다. 대학생들은 등록금만큼 강의의 질을 보장받고 있는지, 연구자들의 연구환경은 어떠한지, 그들의 인권은 잘 지켜지고 있는지 하는 여러 문제가 남아 있다. 나는 이제 대학에서 연구와 강의를 그만두었지만, 대학에는 여전히 이전의 나와 닮은 젊은 연구자들이 있다. '학문 후속 세대'나 '신진 연구자'로도 불리는 이들의 삶을 고민하고 견인하지 않으면 대학에 미래는 없다.

대학에
인권과 민주주의는 없다

대학의 전횡에 맞선 싸움들

2017년 6월 인문학협동조합과 민족문학사연구소 주최로 이화여자대학교에서 '대학의 인권과 민주주의' 포럼이 열렸다. 나는 이 포럼에 시간강사 문제에 대한 토론자로 나섰지만, 아쉬움이 많이 남는다. 이 포럼은 6월 9일과 10일, 이틀에 걸쳐 진행되었다. 첫째 날은 '대학의 전횡에 맞선 싸움들', 둘째 날은 '대학 내 인권, 젠더, 노동권, 그리고 민주주의'가 주제였다. 4개 섹션으로 구성되었는데 각각의 제목은 다음과 같다. ① 대학 기업화와 기업식 구조조정의 현주소, ② 대학의 총장과 재단을 둘러싼 문제, ③ 대학 내 노동의 사각지대, 조교 노동과 강사 노동, ④ 학내 인권과 민주주의 정착을 위한 노력들이다.

저희는 대학의 다양한 주체들이 모여 대학에 산재해 있는 다양한 문제들을 살펴보고 대안을 마련하며 투쟁의 방식을 모색하는 자리를 마련해보자는 제안을 드립니다. 이 자리가 싸움의 경험을 공유하고 여러 단체들이 연대하며 다음 행동을 위한 예비적인 단계가 되었으면 합니다.……이 자리를 계기로 대학에 변혁의 촛불이 뜨겁게 타오르길 기원합니다.

이 서문을 참조하면, 대학의 문제를 살펴보고 투쟁의 방식까지 모색해보자는 다소 거창한 바람을 담고 있다. 이 포럼이 그러한 의미를 제대로 담아냈는지, 그만한 반향을 이끌어냈는지에 대해서는 단언할 수 없다. 나는 포럼의 진행을 도왔고 토론자로 참여하기도 했지만, "그래도 의미가 있었다"는 정도의 표현으로 대신해둔다. 다만, 몇 가지 특별했던 점을 언급해보고자 한다.

이 포럼은 인문학협동조합의 30대 젊은 연구자(조합원)들이 기획부터 마무리까지 실무를 모두 진행했다. 대개 박사과정 수료생인 이들은 '연구복지위원회'라는 내부 조직을 구성하고 연구·강의·복지 환경을 개선하기 위한 노력을 기울이고 있다. 실무자들의 젊음만큼이나 포럼에서도 참신한 시도가 있었다.

'대학 적폐'로 명명한 박이 설치되고, 모인 사람들에게 콩주머니가 하나씩 돌아갔다. 20대 대학생부터 60대 노교수까지, 거기에 모인 모든 사람이 박에 콩주머니를 던졌다. 문제가 있다면,

현대문학 연구자인 실무자가 박을 너무 잘 만들어 와서 도무지 깨지지 않았다는 데 있었다. 기다리다 못한 어느 박사님의 주먹질에 박이 깨지고 곧 '함께 지켜요, 대학 공공성'이라는 문구가 쓰인 소형 현수막이 나타났다.

사실 이러한 새로움은 기획 단계부터 있었다. 애초에는 '점거', '백지', '단식' 식으로 최근 대학에서 벌어진 일련의 투쟁 방식을 각 섹션별로 공유하고, 그 당사자들을 초청하기로 했다. 예컨대 서울대학교 학생들의 본관 점거와 학내 언론 백지 발행, 동국대학교 학생들의 단식과 농성(김건중은 50일에 이르는 단식을 했고, 최장훈은 45일 동안 교내 조명탑에 올라 고공농성을 했다), 이화여자대학교 학생들의 졸업장 반납, 상지대학교 학생들의 수업 거부 등 여러 대학의 현재 모습을 그대로 드러내고자 했다.

프로그램을 구성하면서 그것이 기존의 정제된 언어로 바뀌기는 했지만 실제 투쟁에 나섰던 당사자, 즉 윤민정(전 서울대본부점거위원장), 김진모(한신대 민주적 총장 선출을 원하는 학생모임), 김창인(『괴물이 된 대학』 저자), 최장훈(동국대 고공농성 당사자), 윤소빈(중앙대 『녹지』 편집장) 등을 발표자와 토론자로 초청했고, 그들의 목소리를 직접 들었다. 최근 대학 이슈를 가공되지 않은 1차 언어로 접할 수 있었다는 점에서, 그 어느 관련 포럼보다도 직접적인 장場이 마련되었다.

대학, 촛불을 들다

인문학협동조합 미디어기획위원회는 포럼 홍보를 위해 '카카오 스토리펀딩'이라는 크라우드 펀딩 매체를 활용했다. 단순히 대자보를 붙이고 각 대학의 게시판을 활용하는 데서 벗어나 직접 '저널리즘'으로서 스토리를 만들어냈다. 사실 대학 안의 투쟁은 교문 바깥으로 잘 알려지지 않는다. 대학 측이 그것을 여러 방법을 동원해 막는 것도 한 이유지만, 애초에 '학생의 문제' 정도로 인식되기 때문이다. 그래서 더 많은 사람에게 대학의 현실을 알리고 포럼에도 참석하게 만들고 싶었다.

카카오 스토리펀딩에서는 이러한 시도를 응원해주었다. 그 덕분에 인문학협동조합은 포럼을 홍보하는 동시에 서울대학교, 동국대학교, 한신대학교 등 여러 대학에서 현재진행형으로 벌어지는 투쟁을 더 많은 사람에게 알릴 수 있었다. 1만 원의 후원금을 낸 후원자들에게는 포럼에 참여하고 자료집을 받아볼 수 있게 했고, 3만 원의 후원금을 낸 후원자들에게는 그에 더해 포럼을 위해 제작된 기념품을 받을 수 있게 했다.

다행히 170만 원에 가까운 후원금이 모여서 자료집 제작과 발표, 토론자 인건비 등을 모두 충당할 수 있었다. 글을 읽고 대학 문제에 관심이 생긴 일반인들이 후원해준 금액이었다는 데서, 대학 안팎의 연대가 성사되었다고 할 수 있다. 물론 대학생, 대학원생, 시간강사, 정규직 교수 등 대학 내 구성원들의 연대 역시 긴밀하게 이루어졌다.

투기 자본과 대학의 '판돈'이 된 학생들

카카오 스토리펀딩에 올린 각각의 글에 대한 댓글 반응이 그리 좋지는 않았다. 특히 서울대학교의 '시흥캠퍼스 이전'을 둘러싼 배경을 전할 때는 더욱 그랬다. 투쟁에 직접 참여한 두 학생의 수기에는 100개가 넘는 악플이 달렸다. "서울대를 지방으로 옮기면 안 되는 이유를 설명하라"는 것부터 "폭력을 앞세워 총장을 감금하고 이사회를 때려부수며 기득권을 지키려고 한다"는 것까지 다양했다.

수기를 쓴 학생에게 "악플이 많아서 속상하시죠?" 하고 물었더니 이렇게 답했다. "익숙해서 괜찮아요. 그리고 (악플 단 사람 중에) 시흥 배곧신도시 입주민들이 많을 거예요. 거기 온라인 커뮤니티에 링크가 찍히면 다들 와서 댓글을 달거든요."

대학과 자본이 영합하면 거기에서 이익을 보는 이들이 생기고, 그것은 학문의 영역을 손쉽게 침범해 버린다. 대학의 공공성이나 학생·연구자·교직원 등 주요 구성원들의 의견은 우선순위에서 밀려난다. 서울대학교만 해도, 키즈카페와 실버타운 등이 들어서는 것이 캠퍼스 이전 계획안에 포함되어 있었다.

그런데 그 자본권력의 이익을 대변하기 위해 목소리를 내는 주체들은 우리 주변의 평범한 사람들이다. '서울대 프리미엄'을 기대하며 주변보다 평당 얼마씩 높은 시세를 주고 분양권을 따 낸 사람들에게, 시흥캠퍼스 이전이 무산되는 것은 '재앙'일 수밖에 없다. 정작 시공사를 비롯해 큰돈을 벌어간 주체는 따로 있을 것이지만 그들은 표면에 잘 드러나지 않는다.

한양대학교는 인근 원룸 임대업자들의 반발로 몇 넌째 기숙사를 짓지 못하고 있다. 2017년 7월 3일 『KBS』 보도에 따르면 한양대학교는 학생 10명 중 1명만이 혜택을 볼 정도로 기숙사가 부족하고, 서울 시내 대학의 평균 기숙사 수용률은 14퍼센트에 불과하다. 그런데 반대하는 이들의 명분은 "녹지가 사라진다"는 등 상당히 궁색한 수준에 그친다. 결국 학생들은 기숙사보다 강의실에서 멀고, 비위생적이고, 위험하고, 무엇보다도 비싼 학교 주변의 원룸으로 간다. 어느 편이 학생들의 학업에 도움이 될지는 명백하다.

'대학 공공성'이라는 명제는 언제나 크고 작은 자본에 위협받고, 혹은 자본과 결탁하며 무너진다. 다시 기숙사를 예로 들자면, 민자民資 기숙사가 들어서면 학생들은 그 이자만큼 월세를 더 부담해야 한다. 주변의 원룸과 비교해 딱히 '저렴'한 것도 아니어서, 룸메이트를 구해 일부러 대학 바깥으로 나가기도 한다.

학문의 공공성을 지키겠다는 서울대학교 학생들의 명분은 자본의 벽 앞에서 몹시 무력해진다. 서울대학교 인문대학에 재학 중이라고 밝힌 어느 학생은 "부동산 투기 자본과 대학이 주판알을 튕기는 판에, 학생들이 판돈으로 올려졌다"고 했다. 그는 캠퍼스 이전이라는 대형 사업이 학생과 교직원, 교수들을 배제하고 반민주적으로 이루어진 것, 대학의 자율을 지킬 방안이 없다는 것, 캠퍼스 내에 지어질 거라고 광고한 키즈카페, 호텔, 실버타운 등은 대학 기업화의 촌극이라는 것 등을 그 이유로 들었다.

정치학과 재학생도 "대학은 점점 괴물이 되어간다. 그리고 그 돈 먹는 괴물 앞에 지금 우리가 서 있다"라고 말을 보탰다. 서울대학교의 오늘은 대한민국의 대학이 처한 오늘이다. '대학의 기업화'라는 시대의 요청을 어떻게 마주 대할 것인가? 이 문제 앞에서 누구는 즐거워하고 누구는 두려워한다.

"기업화라도 제대로 하라"

이 포럼에서 언급된 한신대학교, 상지대학교, 동국대학교는 모두 총장과 재단을 둘러싼 문제를 안고 있었다. 사립대학 총장이나 재단, 이사회가 대학을 사유화하려는 데서 모든 말썽이 시작된다. 어느 조직에서든 '정치'가 벌어지게 마련이고, 대학 역시 어느 선에 줄을 댈 것인가, 누구의 편을 들 것인가 하는 눈치를 봐야 한다. 그 정점에는 총장과 재단, 이사회가 있다. 모든 내용을 지면에 소개할 수 없기에 한신대학교와 동국대학교의 주요 국면만을 인용해둔다.

한신대학교

2015년 10월	채수일 전 총장 중도 사임, 민주적 절차를 통한 차기 총장 선임 논의 시작.
2016년 3월	한신학원 이사회, 총장 후보자 추천 투표 결과 무시. 학생들 이사회 회의실 점거.
2016년 6월	교수협의회 전 의장 남구현 교수 단식 시작. (17일간)
2016년 9월	한신대 재단인 한국기독교장로회 총회에서 이사회의 총장 선임 인준 거부. 이사회 총사퇴. 채수일 전 총장 재임 기간에 대한 특별외부감사 도입 결정.
2017년 6월	한신학원 이사회, 차기 총장 선임을 강행했으나 내부 반발로 무산.

동국대학교

2015년 1월	총장 선출 과정에서 종단 개입과 보광 스님(한태식)의 논문 표절 의혹 제기.
2015년 2월	동국대 연구윤리진실성위원회, 논문 28편 중 18편 표절 판정.
2015년 3월	학생들 이사장실 점거 농성.
2015년 4월	동국대 교수협의회, 비상대책위원회에서 릴레이 단식 농성 돌입. 최장훈(동국대 일반대학원 총학생회장) 만해광장 조명탑 고공농성 시작. (45일간)
2015년 10월	김건중(총학생회 부회장) 단식농성 시작. (50일간)
2016년 3월	일면·보광 스님 이사직 사퇴. 보광, 학생 대표 4인 명예훼손 혐의로 고소. 동국대 교직원 2인, 최장훈 모욕죄로 고소.
2016년 12월	동국대 일반대학원 총학생회, 근로기준법 위반 혐의로 총장과 이사장 고발.
2017년 4월	동국대 학생들, 3년째 동국대 정상화 요구하며 조계사 앞 행진.

한신대학교는 총장 개인이, 동국대학교는 재단이 대학을 사유화의 대상으로 보고 있기에 일어난 일이다. 학내 구성원의 민주적 절차에 따른 합의와 요구를 무시하거나, 투쟁에 참여한 학생과 교수에 대한 고소·고발을 진행하는 것 역시 닮았다.

그런데 이것을 반드시 '대학 기업화'의 결과로 봐야 할지는 의문이다. 김누리 교수(중앙대 독문학과)는 '대학의 기업화와 대학 민주주의의 죽음'이라는 제목으로 발표를 했지만, 정대화 교수(상지대 정치학과)의 의견은 달랐다. 대학이 기업화라도 제대로 했느냐는 것이다. 냉소에 가까운 그의 어조에 청중들은 큰 웃음을 보냈다. 그는 이어서 '대학이 기업화되었다고 하면 기업에 부끄러운 것'이라고 했다. 나는 여기에 동의를 보낸다.

사실 대한민국의 대학은 끊임없이 기업이 되려 하는 가운데, 기업보다 더욱 구성원들에게 가혹한 생태계를 만들어냈다. 무급 인턴도 경쟁이 치열해져 '금턴'이라는 신조어를 만들어낼 만큼, 갓 대학을 졸업한 학생들을 무보수 노동자로 만드는 기업들이 늘었다. 그러나 대학은 이미 '장학금 지급'이라는 명목으로 교직원이 해야 할 행정노동, 강의·연구 보조노동을 대학생과 대학원생에게 전가해온 지가 꽤 되었다.

학생들이 낸 등록금의 일부를 돌려주는 방식으로, 응당 지불해야 할 인건비를 획기적으로 낮추는 것이다. 그러면서 근로기준법에 명시된 그들의 노동권 역시 가볍게 무화無化시켜 버린다.

일반 기업에서는 거기까지는 상상할 수도 없다. 편의점에서도 근로계약서를 쓰지 않거나 4대 보험을 보장하지 않으면 500만 원에 이르는 벌금을 내야 한다. 기업은 법의 눈치를 보고, 노동 자들에게 최소한의 대우를 한다. 그러나 대학은 '여기는 학교'라 는 마법의 주문을 외우면서, 그 안의 노동을 은폐한다. 학생들과 학부모들에게도, 평범한 우리에게도 그 마법은 거부감 없이 스 며든다.

대학의 기업화는 적어도 '지성의 전당', '진리의 상아탑'이라 는 학문의 가치를 지키는 가운데, 그 구성원들의 노동에 정당한 대가를 지불하는 데서 출발해야 한다. 그러나 대한민국의 대학 은 자본을 유치하고 그 몸집을 불리는 데 주로 관심이 있고, 그 와중에 법의 눈치조차 제대로 보지 않는다. 대학에 "기업화라도 제대로 하라"고 말할 수밖에 없는 이유다. 지금의 대학은 시장의 논리와 교육의 논리 중 자신에게 유리한 부분만 편취해 적용하 는 파렴치한 모습을 보이고 있다. 이것은 합리적이지도 상식적 이지도 않고, 정의롭다고는 더욱더 말할 수 없다.

법이 버린 존재, 시간강사

나는 민영현(전 경성대 강사)의 '한국에서 대학의 비정규 직, 시간강사로 살아감의 의미'라는 발표의 토론을 맡았다. 『나 는 지방대 시간강사다』라는 책을 쓴 이후 이런 자리가 익숙하다. 그런데 '보따리 장사'나 '유령' 같은 언어로 그 존재가 규정되는 시간강사들의 처우가 아주 열악한 것은 이제 누구나 안다. 대학생들조차 시간강사와 정규직 교수를 구분하고 '강사님'이라는 호칭을 사용하기도 한다. 다만 "힘들다, 살려내라, 이게 뭐냐"라는 서사를 반복하는 것으로는 무엇도 바뀌지 않을 것이다.

나는 2004년에 학과 학생회장을 하면서 학내 운동권 조직과 이런저런 일을 같이하기도 하고, 가끔은 날을 세우기도 했다. 그러면서 언젠가 선배에게 물었다. "왜 이 운동은 항상 반대한다, 하지 마라, 살려내라 하는 구호만 쓰는 겁니까? 우리가 대안을 제시할 수도 있잖아요." 운동권에 두 발을 들여놓을 기회야 언제든 있었지만, 나는 그러지 않았다. 나의 나약함일 수도, 치기일 수도, 비겁함일 수도 있겠다. 하지만 운동과 구호만으로는 그 한계가 명확해 보였다.

지금 대학 바깥에서 시간강사의 처우 개선을 비롯한 여러 투쟁의 방식을 보면서도 그렇다. 오히려 전국대학원총학생회협의회(전원협)를 위시한 대학원생들의 방식이 조금 더 나아 보인다. '못살겠다', '갈아엎자', '투쟁하자'라는 구호는 사실 15년 전부터 있었던 전략적 한계다. 당사자뿐 아니라 주변의 평범한 이들이 손을 잡아줄 만한 그런 언어의 활용과 대안(제도)의 제시가 반드시 필요하다.

빈영현은 '퇴직금 소송'과 '교원 지위 확보'에 대해 이야기했는데, 소송을 건다고 해도 법률상 '초단기 근로자'로 분류되는 시간강사가 승소하기는 무척 힘들다. 한국 사회의 여러 기업이 그러하듯 대학은 딱히 '위법'을 저지르지 않는다. 다만 법의 경계에서 '편법'을 자행할 뿐이다. 주 15시간 이상 한 대학에서 강의(근로)하기가 거의 불가능한 시간강사들에게 건강보험이나 퇴직금을 지급하지 않아도 된다고 이미 법률에서 정하고 있다. 법의 정의로움이나 노동자를 대하는 올바른 태도를 지적하기 이전에 시간강사는 '법이 버린 존재'다.

그래서 토론에서도 "교원 지위 확보, 그 이야기는 계속 반복되고 있습니다. 그게 의미하는 건 뭡니까?"라고 물었다. 토론 시간이 짧아 "그러면 1년 이상 고용이 보장될 수 있죠"라는 내용 이상을 듣지 못했다. 사실 '교원 지위 확보'라는 구호에서는 맥락을 읽어내기 힘들다. 1년 이상의 고용이라는 것을 어떻게 해석해야 할지 모호하다.

그래서는 테뉴어Tenure(종신재직권)를 원하는 것인가, 정교수 대우를 원하는 것인가, 사학연금을 달라는 것인가, 그래서 귀족이 되겠다는 것인가, 좀 과한 것 아닌가, 하는 일반의 인식을 넘어서기 어렵다. 특히 "교원 지위가 확보되어야 스승으로 바로 설 수 있다"는 확장된 구호 역시 모호성을 증폭시키는 가운데 감상적인 동어반복이 되고 만다.

대학의 문제를 해결하기 위해서는 구호보다는 대안을, 감상적인 대안보다는 구체적인 방안을 내놓아야 한다. 대학 구성원들 중 대학원생의 투쟁이 그나마 낫다는 것은, 그들이 전원협이라는 조직체를 두고 '조교 노조 결성'이나 '인권센터 설립', '대학원생 권리장전 선포' 등 실천 가능한 어젠다를 만들고 있기 때문이다. 물론 내부에서도 여러 이견이 있기는 하겠으나 단순히 구호에 머물지는 않고, 또 외부의 시선을 신경 쓰며 기조를 수정해가는 모양새다(물론 느슨한 방식이라 하더라도 큰 틀에서 합의가 필요하고, 저마다 자신의 자리에서 사회적 공감을 이룰 수 있는 대안을 내놓아야한다).

김누리 교수는 발표를 하며 "테뉴어 교수들 함부로 못 건드립니다, 교수들이 나서야 합니다"라고 말했다. 그가 2016년에 『나는 지방대 시간강사다』를 거론하며 "이제 교수들이 나서야 할 때다. 교수들의 침묵과 굴종이 대학을 오늘과 같은 흉측한 괴물로 만들었음을 인정해야 한다"라고 한 것의 연장선이다. 나는 대학원생과 시간강사가 딱히 선한 것도, 정규직 교수들이 악한 것도 아니라고 믿는다. 어느 개인이 구조를 벗어나 투쟁하기를 바라는 것은 대단히 가혹한 일이다. 다만, 그 구조의 정점에 있는 이들이 문제를 인식하고 하부 연대에 동참한다면, '대학의 인권과 민주주의'가, '대학 공공성과 자율성'이 조금은 더 빠르게 자리 잡게 될 것이다.

당시 나는 1년 6개월 전까지 평범한 시간강사였다. 노조가 있는지, 우리를 위한 제도가 있기는 한지, 내가 지금 제대로 살고 있는지, 그러한 감각조차 없었다. 그러나 이제는 관련 제도를 만드는 데 나의 방식으로 힘을 보태고 싶다. 구호보다는 사회적 합의에 이를 수 있는 각자의 대안을 제시할 때가 되었다고 믿는다.

대학원생은 왜
노조를 설립했는가?

대학원생은 학생이면서 노동자다

"대학원생은 학생인가 노동자인가?" 대학원생은 어느 하나의 정체성으로 규정될 수 없는 존재, 말하자면 '경계인'이다. 국가인권위원회가 2015년 11월에 발표한 「대학원생 연구환경에 대한 실태조사 보고서」에서는 60퍼센트 이상의 대학원생이 자신을 '학생근로자'라고 이중적으로 규정했다. 그들을 학생이라든가 노동자라든가 그 무엇으로만 규정하려는 시도는 온당치 않다. 대학원생은 학생이면서 동시에 노동자다. 수업을 듣는 강의실에서는 학생이고, 조교 노동 현장에서는 노동자가 된다.

대학원생의 조교 노동을 학업의 보조적 활동으로 전제할 단계는 이미 지났다. 대학은 그들의 노동이 없다면 존립할 수 없다. 행정, 강의, 연구에 이르기까지 대학은 대학원생과 대학생의 손을 빌린다. 그러나 대학은 이들의 '노동자성'을 인정하려 하지 않는다. 표면적으로는 교육기관임을 내세우지만 사실은 비용을 절감하기 위해서다. 근로기준법에 명시된 최저시급, 주휴수당, 퇴직금, 4대 보험 등을 보장하고 싶지 않기에, "대학원생은 학생이지 노동자가 아니다"라는 주장을 고수한다.

이것은 비단 대한민국만의 문제는 아니다. 미국의 대학들 역시 대학원생 조교를 학생으로만 규정해왔다. 미국 연방노동관계위원회NLRB는 2004년에 대학원생의 노동을 '교육적 관계'에 편입시켰다. "조교들은 피고용인으로 볼 수 없다. 왜냐하면 그들은 우선적으로 학생이다. 조교들은 기본적으로 학교와 경제적인 관계보다 교육적 관계를 맺어야 한다." 그러나 2016년, 컬럼비아대학 대학원생들의 노조 결성 청원에 대해서는 "미국 사립대학 조교들도 연방 노동법에 따라 노조를 결성할 수 있는 노동자로 인정해야 한다"면서 이를 수용했다. 그에 따르면 교육과 노동은 결국 분리의 대상이다.

나 역시 대학원생 시절 대학의 여러 공간에서 노동했다. 그런데 나를 비롯한 여러 선후배의 노동은 분명 학생으로서 감당할 선을 한참 벗어난 것이었다. 예컨대 내가 대학원 시절을 모두 보낸 Y대학교는 '조교장 제도'를 운영했다. 대학원생 중 TA장학금 수혜 대상자들이 학과 사무실 조교로 일했고, 그중 박사과정생 한 사람이 조교장으로 선발되었다. TA장학금은 한 학기에 180만

원에서 260만 원이었고, 등록금에서 그만큼 감면하는 방식이었다. 조교 근무를 원치 않는 경우에는 자기 몫의 TA장학금을 반납해서, 다른 조교들에게 그만큼 더 얹어주었다.

조교장은 대학원생 조교와 학부생 조교를 관리하는 역할을 맡았다. 오전 9시부터 오후 5시까지 학과 사무실에 상주하며 교직원 대신 거의 모든 실무를 챙겼다. 상위 부서인 단과대학 사무실에는 그나마 정규직 교직원이 1명 있었고, 계약직 교직원 1명과 대학원생 조교 2명이 더 있었다. 단과대학의 교직원은 학기초가 되면 인문대 조교장들에게 종종 밥을 사주면서 "우리 잘해봅시다" 하고 말했다. 그는 대학원생 조교들 없이는 단과대학과 개별 학과 사무실의 행정이 돌아가지 않는다는 것을 누구보다 잘 알고 있었다.

내가 조교장일 때 단과대학 교직원에게서 받은 이메일의 제목을 보면 "2012학년도 대외평가 관련 자료 요청", "시간표 및 수강지침 원고 제출 의뢰", "학·처장 회의 자료 요청", "교수 수양회 참가신청서 요청" 같은 것이 있다. 종종 '내가 왜 이런 일까지 해야 하나' 하는 심정이기도 했지만, 선배들이 계속해왔던 일이고 다른 학과의 대학원생들도 모두 하는 일이었다. '대학'이라는 공간에 존재하기 위해 겪어야 할 필연으로 생각하면서 조교장 시절을 버텼다.

지금에 와서는 '한 번쯤 파업이라도 해보았으면 어떨까', '이건 대학원생의 일이 아닙니다, 하고 건의라도 해볼 걸' 하고 생각해본다. 그러나 다시 돌아간다고 해도 그럴 용기는 없다. 이사, 청소, 접대 등 노동이 아닌 노동에 동원되더라도 그것은 제자의 도리, 조직원의 역할, 교육의 연장 등으로 치환되어버리고 만다.

2018년에 이르러 전국대학원생노동조합(대학원생노조)이 출범했다. 대한민국에 대학원생 제도가 생긴 이래 가장 상징적이고 급진적인 사건이다. 당사자들이 직접 "우리는 학생이면서 동시에 노동자다"라고 선언하고, 사용자인 대학 측과 단체교섭이 가능한 조직체를 만든 것이다. 여기에서 대학원생노조의 설립 목적과 의의를 돌아보고, 특히 최근 성균관대학교의 조교 제도 개편에 대응한 이들의 모습을 전한다. 무엇보다도 용기를 낸 노조원들에게 마음을 다해 찬사를 보낸다.

조명탑에 올라가 고공농성을 한 대학원생

대학원생노조 설립이 논의되기 시작한 시점은 2017년 가을이다. 전 동국대학교 일반대학원 총학생회장 신정욱의 주도로 1차 간담회가 열렸다. 동국대학교는 당시 총장인 보광의 선출 과정에서부터 잡음이 있었고, 그에 따라 교직원, 교수, 학생의 반발이 잇따랐다. 50일간 단식농성을 한 학부생이 있었고, 조명탑에 올라가 고공농성을 한 대학원생이 있었다. 무엇보다도

2,000명이 넘는 학생이 모여 학생총회를 열었다.

그러나 보광은 별일 없이 총장이 되어 직무를 수행했다. 어느 한편의 일방적인 승리와 패배로 귀결된 것 같은 그 시점에서, 대학원생노조의 싹이 텄다. 거대한 악惡이 등장하면 필연적으로 그에 대항하는 개인들이 함께 나타나기 마련이다.

서양철학 연구자이던 석사과정생 신정욱은 총장 선출을 둘러싸고 드러난 대학의 민낯을 바라보면서 논문을 완성하겠다는 목표를 접었다. 그는 2016년 12월, 서울지방고용노동청에 근로기준법 위반으로 총장과 이사장을 고발한다. 근로기준법에 명시된 근로계약서 작성, 퇴직금과 각종 수당의 지급을 보장하지 않는 등 노동자인 대학원생 조교들의 노동권을 제대로 인정하지 않았다는 명목이었다.

여기에서 자유로울 국내의 대학은 내가 알기로 거의 없다. 나는 그 고발 비용을 펀딩하기 위해 힘을 보탰지만, 별다른 도움을 주지는 못했다. 신정욱은 그 이후의 지난한 과정을 거의 혼자 감당해나갔다. 아마도 많이 외롭고 힘들었을 것이다. 그러면서 그는 자연스럽게 '노조가 있으면 얼마나 좋을까' 하는 상상을 하기에 이른다.

이후 신정욱은 '대학원생들의 노동권'에 대해 공식적인 자리에서 발언할 기회를 여러 차례 얻었다. 2017년 6월, 인문학협동조합에서 주최한 '대학의 인권과 민주주의' 포럼에서 그는 지

금 대학원생노조의 위원장이 된 구슬아를 만난다. 노조의 필요
성에 공감하는 대학원생들이 있다는 것을 알게 된 신정욱은 본
격적으로 노조 설립을 위한 첫발을 내딛는다. 여기저기에 흩어
진 개인과 군소 단위를 모아 대학원생노조 설립을 위한 간담회
를 개최한 것이다. '전국 단위의 노동조합 조직은 너무 이르다'
는 목소리도 높았지만, 일어나야 할 일은 일어나기 마련이다.

  미국 연방노동관계위원회에서 대학원생 노조 설립의 당위성
을 공식적으로 인정한 것에 호응해, 2017년 11월에는 고용노동
부에서도 '대학원생 신분의 조교도 근로자로 보아야 한다'는 판
단을 내놓았다(2019년 8월 서울중앙지방검찰청도 행정조교가 근로기
준법상 근로자에 해당한다고 판단을 내렸다). 인분 교수 사건(2015년),
서울대 스캔 노예 사건(2017년) 등 대중의 공분을 산 여러 사건
도 기폭제가 되었다. 결국 2018년 2월 24일, 대학원생노조가
출범한다.

> 대학원생은 연구자로서의 사회적 책임을 의식하고 그 책임을
> 위해 실천하는 주체입니다. 그렇기 때문에 우리는 기능적 전문
> 성의 틀에서 벗어나 현재의 위태한 현실을 지식의 위기이자 공
> 동체의 위기로 사유하는 주체적 역량을 발휘해야 합니다.……
> 구조와 대결하지 않으면 필연적으로 우리는 착취당하고 또 뒤
> 에 올 사람들을 착취하며 살게 될 것입니다. 선배 연구자와 후

배 연구자가 서로를 존중하고 연구 노동의 공공성이 빛나게 하는 일, 그 근본적인 조건을 다시 세우는 것이 전국대학원생노동조합의 목표입니다.

구슬아 위원장이 대학원생노조의 설립 목적을 밝힌 글이다. 이 글에서 키워드는 '주체'와 '구조'다. 대학원생들이 당사자로서 현재의 위기를 마주해야 한다는 것, 그리고 결국은 개인이 아닌 구조와 대결해야 한다는 것이다. 자기 공간에서 어떤 부조리를 몸으로 겪고 사유한 이들이 공통적으로 다다르는 지점은 '구조'다. 결국 당사자들이 나서서 제도와 문화와 구조를 근본적으로 흔들지 않는 이상, 그 어떤 변화도 추동推動할 수 없다. 신정욱도 구슬아도, 그리고 노조에 참여한 여러 대학원생도, 그 지점에서 서로 만나 손을 잡고 조직체를 구축했다.

월 48만 원을 받는 'TA 제도'
당사자들의 조직체가 생겼다는 것은 어떤 '사건'에 개인이 아닌 조직으로 대응할 수 있게 되었음을 의미한다. 그간 대학원생들은 사건이라 부를 만한 여러 사안에 오로지 파편화된 개인으로서만 대응해왔다. 조직이라야 학생회, 동아리, 소규모 협의체 등이 고작이었다. 대학 측은 비교적 여유롭게 피해자들을 회유, 무시, 협박하고 언론플레이를 펼쳤다. 그러나 이제는 전국

단위의 조직체와 마주해야 한다. 조직을 상대하는 것은 개인을 상대하는 것과 완전히 다른 일이다. 구슬아 위원장에게 대학원생노조의 의미에 대해 직접 물었다.

김민섭   대학원생노조가 생기면서 이전과 달라지는 건 뭘까요? 당사자성을 지닌 조직체가 생겼다는 것은 대학원생들의 삶을 어떻게 바꾸어 놓을까요?

구슬아   가장 먼저 생각할 수 있는 점은 이렇습니다. 이번 성균관대학교 조교 제도 개편 문제를 예로 들자면, 개인 차원에서는 학교의 전면적 제도 개편에 대해 어디에 어떤 방식으로 문제를 제기할지부터가 막막합니다. 자신의 신원을 드러낸 상태에서 개인 대 조직(학교)의 구도로 이해관계를 조정하는 일도 상당히 부담스러울 수 있고요. 비슷한 상황에 있는 사람들을 한데 모으는 것도 쉬운 일이 아닙니다. 그러나 노조가 당사자성을 지닌 대표 단체 자격으로 조정 절차에 적극적으로 개입하게 되면, 개인이 지게 될 부담을 상당 부분 경감하는 동시에 일정한 집행력을 투여할 수 있습니다. 실제로 이번 대응 과정에서 행정적으로 반드시 필요했던 몇몇 학과 외에는, 당사자 조교들의 신원을 대부분 특정하지 않을 수 있었습니다. 물론 향후 정식 임금 및 단체협약 등을 할 경우를 가정하면 평조합원들이 언제까지나 익명으로 남을 수 있다고 보기 어렵습니다만, 아무튼 사안의 특성에 따라 개인이 나서기 부담스러운 경우에는 노조라는 조직과 그 대표자가 나설 수 있다는 점이 많은 도움이 됩니다.

김민섭　개인이 아닌 노조라서 할 수 있는 일도 있지요?

구슬아　노조가 사용했던 전략 중 국회의원을 통한 교육부 압박, 다수의 언론사를 활용한 여론전 등은 일정한 집행력을 필요로 합니다. 특히 기획조정처나 학생처와 협의 테이블에 앉아 면대면face-to-face으로 요구사항을 전달했던 절차도 그렇고요. 노조에서는 이번 사안을 대응하는 과정에서 실시간으로 임원 및 중앙 집행부 내부의 숙의 과정을 거쳐 적합한 전략을 선별하고 이를 집행했습니다. 졸속으로 정리된 당사자 조교들에 대한 적절한 후속 조치가 이루어지지 않을 시 법적 대응까지 고려하겠다는 입장을 항의 서한 형태로 학교 측에 전했는데요. 이러한 입장을 정하는 데 선행해야 할 법률적 검토나 정세 판단 역시, 노조와 긴밀한 관계에 있는 자문 노무사 및 변호사 여러분이 있었기에 가능했습니다.

구슬아 위원장에 따르면, 대학원생노조는 "개인이 지게 될 부담을 상당 부분 경감하는 동시에 일정한 집행력을 투여"할 수 있

는 집합체다. 대학원생노조가 처음으로 개입한 사건이라 할 '성
균관대학교 조교 제도 개편 문제'에서는 그 집행력이 두드러지
게 나타났다. 성균관대학교는 2018년 2월 8일, 조교 제도를 개
편하겠다며 아무런 사전 통보 없이 기존의 대학원생 조교들을
해고했다. 그리고 월 48만 원을 받는 'TA 제도'를 신설했다. 이
TA 제도는 학생·수업 지원 업무다. 강의자료 준비, 출결 점검,
과제물 접수·정리·평가, 시험 감독, 담당 기자재 관리 등이다.

　대학원생을 행정 업무에서 해방시키고 연구에 전념하게 한다
는 이 개편안은 일면 환영받을 만하다. 그러나 수입이 절반으로
줄어든 당사자 조교들은 당장 생계에 곤란을 겪게 되었다. 그중
에는 아직 임용 기간이 남은 이들도 있었다. 한 대학원생이 대학
원생노조에 자신들의 처지를 알렸다. 이에 대학원생노조는 전략
을 짜고 기민하게 움직였다. 구슬아 위원장이 밝힌 전략은 다음
과 같다. 이것을 살펴보면 별로 대단한 것은 없지만 개인은 하기
힘든 일이 주를 이룬다.

　　① 언론사 활용 여론전: EBS, 경향신문, 한국일보, 민중의소리,
　　　뉴스1, 연합뉴스, 연합뉴스TV, 한국대학신문, 스페셜경제,
　　　위키트리 등
　　② 교문위 국회의원(노웅래 의원) 공조 ⇨ 교육부 압박
　　③ 인문캠퍼스 조교 전수조사, 구글 독스 설문을 통한 표본 수

치 입수

④ 사실관계 확인 및 항의 서한 전달을 위한 관련 부서 접촉 및
압박: 학생처장-장학위원장(법학과 K교수), 학생처 학생지원
팀(장학금 담당, Y직원), 기획조정처(L팀장), 총무처, 홍보팀, 단
과대학 행정실, 학과장 등

⑤ 1인 시위, 노조 명의 공식 성명 발표, 대자보 게시

⑥ 조교 당사자들과의 연락 채널을 통해 각 학과별 정보 직접
수합收合

성균관대학교 측은 해당 조교들에 대한 구제책을 내놓았다.
부족분을 장학금으로 보전해주기로 결정한 것이다. 구슬아 위원
장은 대학 측과 꾸준히 교섭했고 그 과정에서 이러한 성과를 얻
어냈다고 밝혔다. 그러나 그 역시 이것이 일시적이고 아주 작은
승리라고 자평한다. 당장 다음 학기부터 월 48만 원의 TA장학
금만 받는 학생들이 일하게 되고, 그러면 장학금 총액은 줄어드
는 것이다.

첫 번째 싸움을 마친 대학원생노조는 이제 다음 단계를 고민
하고 있다. 더 근본적으로 대학원생 조교 노동의 환경을 바꾸기
위해서다. 구슬아 위원장에 따르면 성균관대학교 조교 제도 개
편에 대응하면서 대학원생노조는 절반의 승리를 거두었고, 절반
의 과제를 남겼다.

대학원생과 시간강사는 절대적 약자

성균관대학교 조교 제도 개편 문제 개입에서도 드러났지만, 대학원생노조가 계속 부딪히게 될 가장 큰 벽이 있다. 그것은 교직원이나 교수단체가 아니라 대학원생 당사자들이고, 궁극적으로는 그들이 속해 있는 얽히고설킨 구조다. 사실 대학 측이 제시한 개편안은 대학원생을 노동에서 해방시킨다는 점에서 긍정적이다. 대학 행정은 정규직 교직원이 담당하는 것이 옳다. 대학원생은 학업에 매진할 수 있어야 하고, 연구 보조와 진행에 따른 인건비와 장학금으로 생계를 영위할 수 있어야 한다.

그러나 대학원생들에게 '조교 노동'이 없어지는 것은 몹시 두려운 일이다. 당장 학비를 감당할 수 없고 생계를 영위할 수 없게 되는 것이다. 대학 측은 대학원생 조교를 해고하는 데 그칠 뿐이고, 연구 활동을 지원하기 위한 추가적인 제도는 마련하지 않는다. 실제로 동국대학교는 총장 고발 사태를 겪고서 조교의 수를 크게 줄였고, 고발을 진행한 일반대학원 총학생회는 대학원생 조교들에게서 비판받았다. 다시 말해 자신들의 '삶을 망가뜨렸다'는 것이다. 옳다고 생각하는 일을 했지만 오히려 어느 편의 환영도 받지 못하는 경우가 종종 있다.

이것은 흥미롭게도 '시간강사법'의 전개 과정과 맞닿는다. 한국비정규교수노동조합(한교조)에서는 시간강사법을 악법으로 규정하고 폐기를 주장했다. 그에 따르면 그대로 시행할 경우 3분의

2에 해당하는 시간강사가 해직될 것이라고 한다. 그러나 전국대학강사노동조합(전강노)에서는 시간강사법 시행을 주장했다. 시간강사의 교원 지위 회복이 먼저이고, 처우 개선은 점진적으로 이루어가야 한다는 것이다. 양측의 주장에 모두 틀린 데가 없다. 여기에서 핵심은 '당사자성'이다.

현직 강사 위주로 구성된 한교조 측은 자신들의 거취 문제에 집중할 수밖에 없다. 그러나 퇴직 강사가 주축이 된 전강노 측은 구조의 정상화를 주장한다. 시간강사법의 시행과 폐기를 두고 두 단체의 골은 깊어질 수밖에 없다. 틀린 데가 없고 정의로운 논리라고 해도, 내부의 당사자들에게 희생을 강요하는 것이 되기도 한다. 그래서 대학원생 당사자들은 행정노동에서 해방되기를 반대하고, 시간강사 당사자들은 시간강사법의 시행을 반대한다.

대학원생과 시간강사라는 두 주체는 대학이라는 구조 안에서 절대적 약자가 된다. 구조에 귀속되어 있기 때문이다. 그 뒤틀린 구조를 바로잡고자 할 때 오히려 가장 먼저 피해를 입는 존재다. 그래서 '이대로 노동하겠다'고 선언할 수밖에 없다. 생존을 위한 현상 유지를 주장하면서 구조를 수호하기 위해 싸울 수밖에 없기에, 그들은 약자다. 한국의 대학은 그만큼 오랫동안 대학원생과 시간강사를 구조적으로 착취해왔다. 여기에는 그간 대학에서 편안히 연구하고 강의해온 모두가 부끄러움을 느껴야 한다.

결국, 당사자성을 이해하지 못하고 대학 구조 문제의 해법을 찾기란 요원하다. 그 구조를 바로잡겠다면서 대학원생 조교와 시간강사를 해고하는 것은 오히려 그 구조에 귀속된 당사자들의 강력한 반발에 부딪히게 된다. 대학원생노조의 집행부 역시 그 점을 잘 알고 있다. 왜냐하면 그들은 당사자이기 때문이다.

자신의 삶을 변혁시킬 수 있는 거점

　2018년 봄에 출범한 대학원생노조는 이제 그 첫발을 막 내디뎠다. 출범식을 제대로 하기도 전부터 대학원생노조 앞에는 여러 현안이 쌓였다. 앞으로도 무척 바쁠 것이다. 첫 번째 싸움을 절반의 승리로 이끈 대학원생노조에 박수를 보낸다. 대학원생노조가 가진 가장 큰 힘은 당사자성에 있다. 현직 대학원생들이 자신들의 필요에 의해 만든 전국 단위의 조직이기에 당위성도 진정성도 강력하다. 출범을 앞두고 대학원생노조 집행부에서 연락이 왔다. 영상 축전을 보내줄 수 있는지 묻는 내용이었다. 나는 흔쾌히 수락하고 해당 영상에서 다음과 같이 말했다.

　　당사자의 문제는 당사자가 느끼고 해결하기 이전에는 그 누구도 해결해주지 않습니다. 이 영상을 보는 대학원생 조교들뿐 아니라 모든 대학원생이 대학원생노조에 가입해서 자신의 삶을 구조적으로 변혁시킬 수 있기를 바랍니다.

당사자가 구조적 문제를 인식하고 그것을 해결하겠다는 의지를 내보이지 않으면, 그를 둘러싼 문제들은 결코 해결되지 않는다. 그 누구도 손을 내밀지 않을 것이고, 누구라도 쉽게 포기해버리고 말 것이다. 그러나 이제는 대학원생노조라는 거점이 탄생했다. 대학원생노조의 출범을 지지하고 응원한다.

사과하지 않는
선배들

눈에 보이지 않는 노동

2017년 2월, 부산대학교 사회과학대학의 독서토론 동아리 '안다미로'에서 초청을 받아 부산에 다녀왔다. 독서모임, 특히 20대 학생들이 요청해오면 차비나 기회비용을 고려하지 않고 대개 승낙하고 있다. 이제 서른다섯 살인 나를 '청년'이라 불러도 좋을지 가끔은 민망하다. 그래도 20대를 만날 핑계가 생기면 즐겁게 찾아간다. 내 이야기를 하기보다는 그들의 이야기를 주로 듣는다. 그 편이 오히려 배울 것이 많다.

안다미로 학회실은 정겨웠다. 학생들이 이것저것 쌓아올려 만든 소박한 공간이었다. 밀키스와 몽쉘통통이 준비된 작은 책상 앞에 나도 끼어 앉았다. 그러고는 『대리사회』와 『나는 지방대 시간강사다』를 읽은 학생들과 도란도란 이야기를 시작했다. 학생들은 『나는 지방대 시간강사다』에 더 관심이 있었다. 대학 시간강사와 맥도날드 물류 하차 아르바이트를 같이하며 쓴 그 책을 읽고, 대학의 노동에 대해 상상하게 되었다고 했다.

강의실에서 만나는 '젊은 교수님'들이 우리가 아는 교수가 아니라 건강보험도 보장받지 못하는 4개월짜리 비정규직 노동자라는 것을, 그에 따라 대학에도 '눈에 보이지 않는 노동'이 존재함을 알게 된 것이다. 그러한 사유思惟는 함께 이야기를 나누는 동안 강의실의 바깥, 청소노동자나 대학원생 조교 같은 숨은 노동자들에게 자연스럽게 이어졌다. 나는 그들과 같은 스무 살을 갓 넘긴 나이에 그렇게 내 주변을 돌아볼 기회를 갖지 못했다.

보이지 않던 누군가가 보이게 되는 경험은 특별하고 소중하다. 『대리사회』에서도 대리운전을 하며 새로 발견한 노동자에 대해 썼다. 술에 취해 귀가할 때는 새벽 길거리에서 술에 취한 이들만 잔뜩 보였다. 그런데 대리운전을 하며 걷고 뛰다 보니, 그간 요정처럼 숨어 있던 이들이 눈에 들어왔다. 우선 서울로 향하는 심야버스 승객의 절반은 대리운전기사였다. 그들은 콜을 받으면 기사에게 부탁해 정류장이 아닌 데서 내리기도 했다.

모두가 잠든 시간에 도로공사를 시작하는 노동자들이 있었고, 쓰레기를 치우는 환경미화원들이 있었고, 지하철 막차가 지나간 뒤 셔터를 내리거나 계단 청소를 하는 노동자들이 있었다. 이 사람들이 그동안 어디에 있었나 싶을 만큼, 갑자기 눈앞에 나타났다. 그래서 『대리사회』의 마지막 장 제목을 '요정들의 밤'으로 정했다. 대학도 한국 사회도, 보이지 않는 요정들이 최전선에서 지탱하고 있다.

"당신은 왜 여기에 있어요?"

박근혜·최순실 게이트와 관련해 자연스럽게 '촛불'과 '광장' 이야기가 나왔다. 그런데 학생들은 그로 인해 받은 상처를 내밀어 보였다. 광화문과 서울시청 앞 광장뿐 아니라 전국의 광장이 촛불로 뜨거웠던 2016년 12월, 강의실에서 일어난 일이었다. 수업에 들어온 50대 교수가 학생들에게 "왜 거리에 나가지 않고 강의실에 앉아들 있어?"라고 물었다. 그리고 자신이 대학생이던 시절 광장이 얼마나 뜨거웠는지를 무용담처럼 덧붙였다. 물론 전혀 신경 쓰지 않는 교수도 있고, 응원의 말을 건넨 교수도 있고, 그 반응은 다양했을 테지만, 학생들은 그날을 기억했다. 무척이나 얄밉고 모욕적이었다고.

우선 교수에게 "당신은 왜 여기에 있어요?"라고 묻고 싶었다고 했다. 자신은 어김없이 제시간에 맞추어 강단에 서면서 학생들을 비판하는 모습이 모순적으로 비친 것이다. 그러려면 "오늘 수업은 휴강합니다, 함께 광장으로 갑시다"라는 제안이라도 했어야 하지만, 그는 자기 시대의 영광만을 이야기하고 수업을 시작했다.

학생들은 그가 달라진 시대를 전혀 고려하지 않는 것을 가장 문제로 삼았다. 그의 시대와 자신들의 시대는 다르다는 것이다. 몇 번 출석하지 않았다는 이유로 B나 C학점을 받게 되면 그 학기의 평점평균이 내려간다. 그러면 장학금이나 기숙사, 근로 조교 신청 같은 데서 불이익을 받게 되고, 졸업 후 취업시장에서도 불리할 수밖에 없다. 결국 학생들에게 수업의 출석 여부는 생존과 직결된 문제다.

교수는 학생들의 출석을 체크하고 학점을 부여할 '권력'을 가졌다. 그런 그가 "고작 학점 때문에 여기에 앉아 있느냐"라거나 "너희들은 시국에 관심이 없느냐"라고 묻는다면, 정작 서글픈 이는 학생들이다. 교수가 가진 권력이 학생들의 미래를 얼마나 움직일 수 있는지, 지금의 시대가 학점에서부터 이런저런 '스펙'을 얼마나 요구하고 있는지 모른다. 아마도 1987년의 광장을 겪었을 50대 교수는, 시국이 아니라 그 어떤 이유로 강의실에 출석하지 않아도 졸업과 취업에 별문제를 겪지 않았을 것이다. 그는 자신의 시대를 그대로 투사해 학생들을 바라본다. 어느 학생이 그를 두고 "그때는 학교 안 나가도 다 졸업하고 취업했잖아요"라고 말해서 모두가 웃었다.

학생들이 그 교수에게 바란 것은 다름 아닌 '사과'였다. 자기 자랑이 아닌 성찰을, 비판이 아닌 공감을, 그래서 미안함을 이야기하기를 바란 것이나. 박근혜·최순실 게이트를 만든 시대에 대해서가 아니었다. 다만 박근혜·최순실 게이트를 눈앞에 두고도 여전히 강의실에 앉아 있어야 하는 시대, 졸업과 취업에 대한 두려움으로 움직일 수 없게 자신들을 통제하는 시대를 만들어낸 것에 사과하기를 바라고 있었다.

"나는 역사 교과서 국정화에 반대합니다"

2015년 가을, 역사 교과서 국정화가 막 추진되려 할 때였다. 나는 박사과정 수료생 신분으로 학위논문을 쓰고 있었고, 인문학 교양과목을 담당하는 시간강사이기도 했다. 주로 30대인 선후배 대학원생이나 시간강사들과 술자리를 가지다 보면, 역사 교과서 국정화에 대한 이야기가 종종 나왔다. 모두가 부정적인 반응이었고 나도 그랬다. 전공이 역사학은 아니었지만 그래도 인문학 연구자로서 우리는 모두 분노했다.

다음 날, 나는 10명 남짓한 연구실 선후배에게 한 가지 제안을 했다. 합동연구실 출입문에 작은 공동성명서를 붙이자는 것이었다. 합동연구실 바로 옆에는 인문과학부 학생들이 '사학 입문'을 배우는 강의실이 있다. 성명서를 붙이면 그들이 오가며 볼 것이고, 그런대로 그들을 위로할 수 있을 것이었다. 나는 그것이 선배로서 해야 할 일이라고 믿었다.

후배 한 명이 곧 적극 찬성한다는 답신을 보내왔고, 합동연구실 대표를 맡고 있던 나는 성명서를 쓰기 시작했다. 그런데 이후로는 아무도 답이 없었다. 개인적으로 연락을 하자, 그제야 반응이 돌아왔다. "너무 극단적이야, 조심스럽게 접근할 필요가 있어." "나는 강의실에서 학생들과 토론하고 있어. 이 방법은 별로인 것 같으니 나는 빠질게." "나는 다른 선배들 하는 것을 보고 결정할게." "사학과도 가만히 있는데 우리가 왜 나서야 해?"

불과 하루 전까지만 해도, 함께 역사 교과서 국정화의 부당함을 이야기하던 이들이었다. 나는 잠시 감정을 정리하고 답신을 보냈다. "네 알겠습니다, 모두의 의견을 존중합니다." 그리고 성명서 쓰기를 그만두었다. 자신의 신념에 따라 성명서를 붙이는 정도를 두고 극단적이라고 말하거나 눈치를 보는 이들이, 강의실에서 학생들에게는 '교수님'이라고 불리고 연구실에서는 '연구자'라고 불린다.

그렇게 우리 학과 대학원생들의 공동성명서가 무산되고 며칠후, 학생회관과 도서관을 잇는 통행로에서 내 수업을 듣는 학생한 명이 "나는 역사 교과서 국정화에 반대합니다"라는 피켓을들고 서 있는 것을 보았다. 그의 선배들이, 선생님들이, 그렇게 비겁하게 숨어 있는 동안 한 학부생만 홀로 행동에 나섰다.

부끄러웠다. 누가 누구를 위로하려고 했단 말인가. 강사 선후배들은 종종 "인문학과 학생들이 왜 이렇게 깨어 있지 않죠?" 하고 한숨을 쉬며 이야기했다. 그런데 그들 중 '깨어 있음'을 이야기할 자격을 갖춘 사람은 아무도 없었다. 지도교수가 무서워서,

누구의 눈치를 보느라, 그렇게 제 한 몸 보전하기 위해 말 한마디, 글 한 줄, 제대로 드러내지 못한다.

그러면서 강의실과 연구실에서 선생으로 연구자로 존재한다는 사실이 오히려 후배들에게 부끄러운 것이다. 특히 강의실에서는 '성실한' 학생이 그 바깥에서는 어떤 방식으로 고민하고 행동하는지 알 수 없다. 어쩌면 강의실은 '죽은 공간'이 되어버렸는지도 모른다. 이에 대한 책임은 '교수'라는 호칭으로 불리며 강단에 서는 모두에게 있다. 미안함과 죄송함을 먼저 말해야 할 이들이 어쭙잖게 위로와 자랑을 하려고 해왔다.

아무도 사과하지 않는다

사실 지금은 '사과'가 흔한 행위가 되어버렸다. 대통령을 비롯한 정치인들이 사과 담화를 발표하고, SNS에는 무언가를 잘못했다는 이들의 사과가 언제나 올라온다. 그런데 역설적으로 그들에게 '미안'과 '죄송'이라는 표현을 듣기란 좀처럼 힘든 일이다. 버티고 버티다가 내놓는 사과는 오히려 당사자와 듣는 이들을 분노케 한다.

특히 대통령의 사과가 그랬다. 2016년 10월 25일 1차 대국민 담화에서 박근혜 전 대통령은 이렇게 말했다. "저로서는 좀더 꼼꼼하게 챙겨 보고자 하는 순수한 마음으로 한 일인데 이유 여하를 막론하고 국민 여러분께 심려를 끼치고, 놀라고 마음 아프

게 해 드린 점에 대해 송구스럽게 생각합니다." 인용한 한 줄만
보아도 변명과 자기 보호로 점철되어 있다. 그는 그에 따라 몇
차례 더 담화문을 발표해야 했다. 그때마다 국민의 분노는 커져
만 갔다. 나는 "~게 생각합니다"라는 어법이 가장 거슬렸다. '송
구스럽다', '죄송하다'라고 표현하면 될 것을 "송구스럽게 생각"
한다, "죄송스럽게 생각"한다고 하면서 사과하는 주체를 모호하
게 만든다. 자신을 행위의 주체가 아닌 제3자로 묘사하면서 뒤
로 한 발 물러서는 것이다.

2016년에는 대학원생 노동환경 개선을 위한 간담회에서 정
책연구원이라는 50대 선배가 "이거 우리 때도 그랬는데 바뀐 게
하나도 없네"라고 말했다. 그는 대학원생들이 한 여러 제안에 대
해 '너무 과하다'거나 '현실성이 없다'는 등 주로 대학 입장에서
발언했다. 모두 표정이 좋지 않았다. 어느 대학원생은 조용히 욕
을 하고 밖으로 나가기도 했다. 나는 그에게 '당신은 함께 비판
할 것이 아니라 우선 사과를 하고, 적어도 공감을 바탕으로 말해
야 하는 자리에 있다'라고 말해주고 싶었다. 그렇게 많은 사람이
자신이 짊어져야 할 책임에서 이탈해 피해자와 함께 손가락질
하는, 혹은 피해자를 손가락질하는 위치에 선다.

사과를 많이 하는 집단 중 하나는 '문인', 그중에서도 남성 문
인들이다. '#문단_내_성폭력'이라는 해시태그를 붙인 글이 SNS
를 통해 퍼져나갔다. 2017년에는 여성 문인 161인이 모여 『참

고문헌 없음』출간 프로젝트를 벌였다. "봄알람과 여성 문인들이 함께하는 #문단_내_성폭력 발화, 싸움, 연대의 기록이면서 동시에 피해자를 지지하기 위한 출간 프로젝트"다. 책의 제작비와 유통비를 제외한 모든 인세와 수익은 "#문단_내_성폭력 관련 법률 비용과 의료비 및 관련 비용으로 사용"했다.

성추행이나 성폭행 혐의를 받은 남성 문인들이 이에 대처하는 방식 역시 '사과'다. 그런데 문학을 하는 이들도, 딱히 사과를 잘하는 것 같지는 않다. 변명과 자기 보호, 제3자 되기의 서사敍事에서 벗어나지 않는다. 다른 집단의 사과보다 이런저런 수사修辭를 덧붙이기도 하고, 자신 역시 얼마나 힘든지 말하기도 하고, 절필을 선언하기도 하지만, 딱히 나을 것은 별로 없다.

이처럼 우리는 사과의 서사에 둘러싸여 있으면서도 제대로 된 사과를 하거나 받는 일이 드물다. 죄송함과 미안함의 표현을 듣기 힘들고, 무엇을 잘못했고 그것을 구체적으로 어떻게 바로잡을 것인지 대안을 제시하지도 않는다.

'추억' 하지 않고 '기억' 하기

사실 제대로 사과만 해도 '좋은 어른'으로 대접받는다. 그만큼 자기 세대를 성찰하고 사과를 잘하는 이들이 드물다. 채현국(효암학원 이사장)의 인터뷰가 한동안 화제가 된 것은 그 때문이다. 그는 2014년 1월 『한겨레』와의 인터뷰에서 "(노인 세대를)

봐주지 마라. 노인들이 저 모양이라는 걸 잘 봐두어라. 너희들이 저렇게 되지 않기 위해서. 까딱하면 모두 저 꼴 되니 봐주면 안 된다"라고 말했다. 여기에 특히 청년세대가 뜨겁게 반응했다. 채현국이 누구인지 몰랐던 이들도 존경할 만한 어른으로 그를 기억하게 되었고, '개념 할배'라는 수식어까지 붙었다. "노인들이 저 모양이라는 걸 잘 봐두어라"라는 자기 성찰과 반성, 그것은 지금 이 시대에 가장 걸맞은 사과의 서사였다.

기억할 만한 좋은 어른을 한 분 더 거론하자면, 『나는 빠리의 택시운전사』의 저자 홍세화다. 그와는 『대리사회』의 추천사를 부탁하면서 처음 인연을 맺었다. 대리운전을 할 때면 그의 책을 들고 다니면서 틈틈이 다시 읽었다. 파리로 망명해 생계를 위해 택시 운전을 한 그의 처지와 대리운전을 하는 내 처지가 비슷해 보여서였는지도 모르겠다. 홍세화는 안면 없는 젊은이의 무례한 청탁에도 흔쾌히 추천사를 써주었다. 책이 발간된 후에 그를 만나 식사를 할 기회가 있었고, 친구 몇몇과 함께 자택에 초대받아 방문하기도 했다.

그는 '호스트'로서 좋은 음식과 매너로 우리를 대하면서 시국에 대해서도, 자신의 지난날에 대해서도, 무척이나 유쾌하게 말해주었다. 그가 건넨 첫마디를 나는 지금도 선명하게 기억한다. "이런 사회를 만든 데 대해서 정말 미안하죠, 그건 나를 비롯해서 모두가 힐 말이 없는 거예요." 그 순간 '미안함'의 서사로 자신을 규정한 홍세화라는 인물은 자연스럽게 '좋은 어른'으로 각인 되었다.

언젠가부터 말이 많은 사람을 잘 믿지 않게 되었다. 특히 자기 자랑과 자부심이 강한 사람에 대해서는 더욱 그렇다. 반면에 자신과 자기 세대를 성찰하고 먼저 사과하는 사람은 존중하고 존경하게 되었다. 그것이 얼마나 어렵고 용기가 필요한 일인지는 그러한 사람이 거의 없다는 데서 충분히 알 수 있다. 그리고 자기 성찰과 사과는 주로 올곧은 길을 걸어온 사람들에게서 나왔다.

대학교에 종종 강의를 나간다. 그러면 스물 몇 살 남짓한 학생들이 나에게 "우리는 어떻게 살아야 할까요?" 하고 묻는다. 취업 준비를 하는 것뿐 아니라 생존하는 것이 너무나 힘들다고 말한다. 놀랍게도 그런 질문을 많은 청년에게서 듣는다. 나는 그때마다 고민하지만 우선은 사과를 한다. 30대의 젊은 나이지만 나 역시 이러한 시대를 만든 데 책임이 있다. 대학을 졸업하고도 10년 가까운 시간 동안 그 무엇을 하지 못했고, 앞으로도 딱히 길이 보이지 않는다고 솔직히 고백한다. 대신 우리가 지녀야 할 삶의 태도에 대해서 말을 덧붙인다. 지금을 '추억'하지 않고 '기억'해야 한다는 것이다.

부산대학교 안다미로의 학생들 중에는 군대에서 휴가를 나왔다가 토론에 참가한 황동현이 있었다. 나는 그에게 "일병 생활이 많이 힘들죠?"라고 물었고, 그는 "우리 부대는 부조리가 심하지는 않고 몇몇 선임들과는 함께 책을 읽으며 어떻게 바꾸어나가야 할까, 하는 문제로 토론도 하고 있습니다"라고 답했다. 하지만 그 방법에 대해서는 잘 모르겠다는 그에게, 내가 책 두 권을 쓰며 어렵게 배운 삶의 태도에 대해 조심스럽게 이야기했다. 지금 일병의 자리에서 겪는 부조리를 상병이나 병장이 되어서도 '기억'해달라는 것이었다.

경계의 자리에서 마주한 균열을 '기억'하는 이들은 조금씩 자신의 주변과 시대를 바꾸어나갈 수 있다. 하지만 '추억'하는 이들은 시곗바늘을 멈추고 모든 것을 사유화하려 한다. '광장과 세계의 사유화'가 일어나게 된다. 그러면 사과할 줄 모르는 인간, 존경받을 수 없는 선배가 탄생한다. 학생들에게 "왜 여기에 앉아 있어?"라고 묻는 교수가, 후배들에게 "너희는 깨어 있지 않구나"라고 말하는 연구자가, "송구스럽게 생각한다"라고 사과하는 정치인이, "야, 이거 아직도 고쳐진 게 없네" 하고 조롱하는 정책 담당자가 되고 만다.

안다미로의 학생들과 인사를 나누고 서울로 돌아가기 위해 일어서면서, 우선 나부터가 어디에서든 먼저 사과하는 인간이 되기로 마음먹었다. 별로 자신은 없지만 강의실에서든 누군가를 초대한 자리에서든, 그 어디에서든 그래야 한다. 그것이 선배로서 가져야 할 당연한 삶의 태도라고 믿는다.

염치를
아는
대학이 되기를

나는 대학에서 나온 사람이다. 어쩌면 대한민국에서 가장 요란
하게 대학을 그만둔 사람이다. 『나는 지방대 시간강사다』라는
책을 쓰면서 강의하고 연구하던, 내 청춘을 갈아 넣은 그 공간에
서 스스로 나왔다. '지방시'라는 줄임말로도 알려진 이 책이 나
왔을 때, 대한민국에서 젊은 연구자로 살아간다는 것은 무엇인
가, 특히 시간강사의 처우가 어떠한가, 하는 것이 화제가 되었
다. 그때 언론은 "맥도날드에서 알바하는 젊은 교수님"이라는
제목의 기사를 내보내면서 나의 이야기를 다루었다.

누군가는 내가 대학에서 쫓겨났다고도 하고, 나에게 과한 의
미를 부여하고 싶어 하는 누군가는 대학 문을 박차고 당당하게
나왔다고도 한다. 둘 다 사실이 아니다. '지방시'라는 책이 화제

가 되고 그때 사용한 '309동 1201호'라는 가명의 주인이 '나'라는 사실을 내부 구성원들이 먼저 알기 시작했다. 그래서 더는 이전처럼 평범한 연구자로서 존재할 수 없을 것임을 알았다. 무엇보다도 강의실과 연구실이 대학에만 마련되어 있지 않다는 것을, 마음먹기에 따라서 대학 바깥의 누구든 나의 지도교수가 될 수 있다는 자각을 얻었다. 그때 나는 대학에서 나오기로 마음먹었다.

그동안 가혹한 방식으로 자신을 증명한 선배들이 있었다. 예컨대 유서라든가, 법적 공방이라든가 하는 자신의 몸과 삶을 상하게 하는 것이었다. 나는 SNS 공간에서 고백의 서사를 기록해나간 거의 최초의 연구자였다. 이것이 대단히 특별하거나 잘난 일이었음을 증명하고픈 것은 아니다. 다만 달라진 시대는 어떻게든 한 공간의 평범한 인물을 추동해냈을 텐데, 무수한 '지방시'들 중 내가 무작위로 끌어올려졌을 뿐이다. 글을 쓰는 동안 나는 "나의 이야기를 해주어 고마워" 하고 말하는 많은 젊은 연구자를 만났다. 덕분에 나만의 이야기가 아닌 우리의 이야기를, 한 세대의 지금을 이야기하고 있다는 확신이 언제나 있었고 계속 나를 고백할 용기를 얻었다.

시간강사법은 2011년 12월에 국회를 통과하고서도 그 시행이 몇 차례에 걸쳐 유예되다가, 2019년 2학기부터 시행되었다. 이것은 1년 이상 고용 보장, 건강보험 보장, 방학 중 임금과 퇴직

금 지급 등 대학 시간강사의 처우 개선을 담은 법이다. 그 취지
는 좋으나, 대학이 강사들을 대량으로 해고할 것이라는 우려가
있었다. 실제로 시간강사법이 시행된 대학가에서는 그에 대비하
기 위한 여러 편법이 자행되었다.

200명씩 수강하는 대형 강의를 편성한다든가, 교양필수 강의
를 온라인 강의로 대체한다든가, 졸업학점을 낮추어 전체 강의
의 수를 줄인다든가, 정규직 교수의 책임강의 시수를 몇 학점씩
올린다든가 하는 방식으로 시간강사를 이전보다 덜 고용하게 된
것이다. 특히 '겸임교수'라는 직책을 가진 이들이 늘었다. 다른
본업이 있는, 정확히는 다른 사업장에서 4대 보험을 보장받고 있
는 이들을 강의를 위해 고용하는 것이다. 시간강사법 시행 이후
시간강사 당사자들도, 그 여파가 자신에게 미칠 것을 두려워하
는 정규직 교수들도 모두 대학의 대응에 신경을 곤두세우고 있
다. 젊은 연구자들에게는 이 모든 것이 생존의 문제가 된다.

그런데 그 이전에 진리의 상아탑이라든가, 지성의 전당이라든
가 하는 단어로 한껏 포장한 지금의 대학이, 거리의 패스트푸드
점이나 편의점보다 그 사회적 책임을 다하고 있는지 스스로 돌
아보기를 바란다. 그에 더해, 거기에 영합해 그동안 편안하게 강
의하고 연구해온 정규직들이 조금은 부끄러워해주기를 바란다.

"강사들은 이제 많이 해고될 거야, 우리 학교는 절반을 감축
한다고 하더라, 시간강사법에 찬성하는 게 과연 정의로운지 고

민해봐" 하고 권위적인 말을 보태고, 교수회의에서 논의된 말들을 생중계하는 대신 자신이 지금 대학이라는 공간에서 할 수 있는 일을 찾는 것이 훨씬 생산적인 일이다.

"학문 후속 세대가 이제 강의조차 하지 못하게 될 것이다"라고 어느 교수는 자신의 대학에서 강사 공채를 할 때 그 후속 세대를 위한 쿼터를 넣을 것을 제안하면 되겠고, "비용이 필요하니 현실적인 법이라고 할 수 없다"고 주장한 어느 교수는 그 재원을 마련할 것을 자신이 속해 있는 대학과 정부에 촉구해야겠다. 적어도 지금까지 그 구조 안에서 착취를 당해온 이들에게 책임을 묻고 조롱하지는 말아야 하는 것이다.

『나는 지방대 시간강사다』라는 책에 나는 "지식을 만드는 공간이 햄버거를 만드는 공간보다 사람을 위하지 못하는 것은 슬픈 일이다"라는 한 문장을 써두었다. 시간강사법의 시행 여부보다도, 우선 염치를 아는 대한민국의 대학이 되기를 바란다.

제2장 청년에게 말걸기

청년과 아재의 경계에서

몸으로 쓰는
언어의 힘

글은 스터디가 아니라 삶이다

나는 대학에서 나와 글을 써서 먹고살겠다고 마음먹고부터, 오랜만에 논문이 아닌 글을 쓰기 시작했다. 처음에는 연구범위였던 근대 문화를 배경으로 소설을 써보고도 싶었고, 강의한 내용을 토대로 글쓰기 실용서를 쓰려고도 했다. 그러나 특정장르의 글이 아니더라도 쓰고 싶은 글이 계속 생겼다. 때때로 꼭써야 할 것 같은 글이 있어서, 그것을 우선 써나가기 시작했다. 『대리사회』와 『아무튼, 망원동』 같은 책이 그랬다. 그리고 내 삶에서 그때그때 쓰고 싶고 써야 할 글들을 옮기고 있다.

이전에는 글을 쓰기 위해서 대학의 연구실로 가면 되었다. 운이 좋으면 대학원생을 위한 '합동연구실'을 사용할 수 있었다. 그러나 대학을 나온 이후에는 새로운 연구실을 찾아야 했다. 집에서는 어린아이 때문에라도 일에 집중할 수가 없어서 글을 쓸 공간이 절실해졌다. 연구실 밖에서 무엇을 해본 일이 없으니 어디로 가야 할지 막막했다.

그러다가 요즘에는 카페에서도 공부를 하고 일을 한다는 것 같아서 집 근처 '스터디카페'를 찾았다. 한 달에 10만 원을 내면, 아무 때나 빈자리에서 공부하면 된다고 했다. 분명히 외형은 카페인데 그 시스템은 독서실 같았다. 놀랍게도 커피를 무제한 제공했고, 약간의 돈을 더 지불하면 괜찮은 식사를 하게 해주었고, 노트북이나 아이패드를 대여해주었고, 안마의자까지 있었다. 일하고, 먹고, 쉬고, 자는 것이 모두 가능했다. 그래서 '왜 진작 이런 곳을 몰랐나' 하고 후회까지 되었다.

그러나 한 달 이용권을 결제한 그 스터디카페에서 나는 며칠 만에 나왔다. 오후 어느 시간이 되자 20대 청년들이, 그러니까 '진짜 청년'들이 몰려오기 시작했다. 그들은 저마다 자리를 잡고는 배낭에서 두꺼운 책 여러 권과 노트북을 꺼냈다. 모두 7·9급 공무원 수험서였다. 그리고 동영상 강의를 들으며 문제를 풀어나갔다. 공통점을 하나 더 찾아보자면, 모두가 자신의 손이 닿는 거리에 작은 사각형 기계를 두고 있었다. 초시계였다. 그들은 문제를 푸는 데 몇 초가 걸리는지 체크해가면서 공부했다. 나는 그 카페에서 가장 여유롭고 우아한 인간이었다. 도저히 그 안에서 글을 쓸 염치가 없었던 것은 둘째치고, 나오는 글이 모두 마음에

안 들었다.

내가 글을 쓰겠다고 했을 때 주변에서는 어디 조용한 곳이 필요하지 않겠느냐고 농담과 진담을 반씩 섞어 건넸다. 나도 거기에 동의해서 글을 쓸 공간을 찾아다녔다. 그러나 역설적으로, 글쓰기에 필요한 여러 조건을 충족하는 스터디카페에서 쓴 글에는 누군가를 설득할 힘이 없었다. 글은 스터디가 아니라 삶이라는 것을 알았다. 적어도 나는 노동하지 않는 몸, 타인과 관계 맺지 않는 몸으로 힘 있는 글을 써낼 만한 위인은 못 되는 것이었다.

『나는 지방대 시간강사다』는 내가 8년 동안 대학원생과 시간강사로서 살아가는 동안 몸에 쌓인 언어들을 털어내는 작업이었다. 맥도날드에서 물류 상하차 일을 1년 반 동안 하면서 복합적인 언어가 함께 쌓였다. 노동이 타인을 이해하는 지평을 얼마나 넓혀주는지도, 그때 쓴 글이 가진 힘에서 자연스럽게 확인했다. 최근에 "나는" 하고 시작하는 몇 권의 책을 읽으면서 그러한 생각을 더욱 굳히고 있다. 그렇다면 몸으로 쓰는 언어가 어떠한 힘을 갖고 있고 한국 사회를 어떻게 바꾸어갈 수 있을까?

'공부 잘하는 놈'의 고백

2017년 『검사내전』이라는 책의 추천사를 썼다. 현직 검사인 김웅이 법조계 내부에서 경험한 일을 에세이 형식으로 쓴 책이다. 처음에는 추천사를 써달라는 제안을 받고 무척 망설였다. 그 책의 편집자가 개인적으로 아는 사람이 아니었다면 거절했을 것이다. 현직 검사가 쓴 에세이에 내가 무슨 말을 보탤 수 있을까? 법조계에 대해 아는 것이 없기도 하고, 40대인 저자가 그 세대의 필체로 무용담만 늘어놓은 글이 아닐까 싶었다. 마침 그가 인천지검의 부장검사로 승진한 참이라고 했다. 그러나 편집자는 나에게 이렇게 말했다. "자신의 조직에 대해 쓴 글인데, 이게 작가님의 첫 책과 많이 닮아 있다고 생각합니다." 편집자가 보내온 교정본을 읽어보고, 나는 추천사를 쓰겠다고 답신을 보냈다.

『검사내전』은 단순히 현직 검사가 법조계를 비판·옹호하거나 자신의 무용담을 길게 늘어놓은 자전적 서사가 아니었다. 조직과 인간에 대한 애정이 있었고, 제도와 문화에 대한 경계가 있었다. 중심에서 한 발 물러나서 사유하려는 노력도 곳곳에서 드러났다. 그에 더해 자신감 있는 필력도 좋았고, 다소 과하다 싶은 표현도 나름의 서사 안에서 꽤나 세련되게 적재적소에 배치되어 있었다. 그러나 글을 읽으며 자연스럽게 친구 A를 떠올릴 수 없었더라면 아마 추천사는 쓰지 않았을 것이다.

지금 법조인이 되어 있는 A는 고등학생 시절, 내가 백일장에 응모한다고 시를 쓰려니까 "너 정말 멋지구나. 나도 한번 써볼까" 하더니 30분이 채 안 되어 시 한 편을 뚝딱 써냈다. 며칠 후, 그는 장려상을 받았다. 그는 청해진에서 대양을 바라보는 장보고의 기상을 절절하게 써냈고, 나는 고작 파도의 아름다움에 대해서 썼다. 누구라도 A를 장려할 수밖에 없었을 것이다. '아, 공부 잘하는 놈들은 이것저것 다 잘하는구나…….' 그때 나는 이렇게 생각했고 한동안 백일장에 어떤 글도 응시하지 못했다. 그리고 김웅의 글을 읽으면서도 '아, 공부 잘하는 놈들은' 하는 심정이 되고 말았다.

이 책을 읽는 동안 계속 그 친구가 떠올랐다. 그가 고시를 준비하던 시절에 나와 주고받았던 몇 번의 인상적인 대화가 그대로 담겨 있었기 때문이다. 친구가 어느 지검에 '시보'로 몇 개월 머물게 되었을 때 그를 만나러 일부러 간 일이 있다.……당시 친구와 나눈 대화 중 가장 기억나는 건 내가 그에게 "너, 눈이 왜 그래?" 하고 물었던 순간이다. 친구는 "내 눈이 뭐?" 하고 나를 바라봤는데, 뭐랄까, 신림동에서든 일산에서든 그런 눈을 하고 있는 그를 본 기억이 없었다. 원래 그다지 선하게 생긴 인상이 아니기도 하지만 눈을 곧 피하게 될 만큼 뭔가 이전과는 다른 기운이 묻어 있었다. "야, 네 눈 무서워"라고 말하자, 그는 '픽'인지 '씨익'인지 알 수 없는 짧은 웃음을 보이면서 "미안, 한 달 동안 나쁜 놈들을 너무 많이 봤어. 걔들하고 같이 있으면서 눌리지 않으려다 보니까 눈이 걔들을 닮아가는 것 같아" 하고 답했다. 그때 나는 몹시 슬퍼졌다. 한우는 무슨, 유럽산 냉동

삼겹살이나 먹으러 갔으면 좀 나았으려나, 모르겠다. 이 책은 내 오랜 친구가 왜 그런 눈을 하게 되었는지를 어느 정도 말해준다. 그에 더해, 그가 왜 예전의 눈으로 조금씩 돌아오고 있는지, 그러나 왜 여전히 신림동 시절의 그 눈으로 돌아올 수는 없게 되었는지에 대한 답을 동시에 하고 있다.

각각 검사 시보와 대학원생이 되어 오랜만에 만난 A의 눈빛은 많이 달라져 있었다. 그동안 나쁜 놈들을 워낙 많이 보았고 그들의 눈빛을 닮아가는 것 같다고 해서, 나는 몹시 슬퍼졌다. 더 묻지 못하고 헤어졌지만 김웅의 글을 읽다 보니 '과연, 그랬구나' 싶었다. A는 단순히 죄질이 나쁜 이들과 마주해야 하는 것뿐만 아니라 경직된 조직 안에서 버티고 살아남아야 했다. 대학원생이 된 나의 눈 역시 그에게는 새롭게 비쳤을지 모른다. 서로말은 하지 않더라도 그런 데서 한 인간의 달라짐을 보고 애틋함이라든가 이질감 같은 감정을 느끼게 되는 것이다.

모든 개인은 조직에 동화하고 순응하기를 요구받는다. 검찰조직이라고 해서 예외는 아닐 것이다. 그런데 김웅은 자신이 속한 조직과 그 구성원들을 한 발 물러서서 바라보려고 무던히 애쓴다. 다소 독특하기는 하지만, 그는 자신의 자리에서 소임을 다하는 인간이다. 그의 표현에 따르면 "대한민국이라는 커다란 여객선의 작은 나사못이 되어 자신이 맡은 임무를 다하"는 인생이다. TV나 SNS에 등장하는 판검사처럼 화려하거나 정의롭지 않아도 계속 버티는 것이다. 그렇기에 김웅의 몸에는 언어와 함께 물음표가 쌓여나갔을 것이다.

내가 추천사를 쓴 것은 이 때문이다. 나사못처럼 묵묵히 자신의 공간에 존재해온 이들은 언젠가 자신의 몸에 쌓인 언어들을 털어낼 기회를 갖게 된다. 『검사내전』은 그런 책이다. 단순히 '공부 잘하는 놈'의 글이었다면 이 책이 베스트셀러가 될 일도 없었을 것이다.

몸에 쌓인 언어를 털어내는 일은 굳이 규정하자면 '고백'에 가깝다. 한 끗 차이로 '고발'이 되기도 하지만 첫 단계는 대개 그렇다. "나는" 하고 고백한 인간은 필연적으로 "우리는" 하고 선언이나 제안으로 그 서사를 확장하게 된다. 이것이 고백과 고발이 서로 달라지는 지점이다.

'그냥' 버스기사의 고백

2018년에는 『나는 그냥 버스기사입니다』라는 책의 추천사를 썼다. 추천사를 제안 받은 후 별다른 고민을 하지 않고 몇 페이지를 읽어보는 것으로 흔쾌히 수락했다. 제목이 무척 마음에 들었고, 그 고백의 서사가 가진 힘을 믿었기 때문이다. 다른 직업이 있으면서도 오히려 전업작가보다 힘 있는 글을 써내는 이들을 종종 본다. 그깃은 단순히 글을 세련되게 잘 쓴다는 의미는 아니다. 투박하고 비문투성이라도 매력을 발산하는 글이 있다. 사실 수백 명의 자기소개서를 볼 때도 너무 정갈하고 세련된 것들은 쉽게 읽히기만 할 뿐 감동을 주지 못한다. 면접까지 올라가는 자기소개서는 '이 사람의 얼굴을 한 번 볼까' 하고 사람의 정을 동하게 하는 것이다.

버스기사인 허혁의 글은 비포장도로를 달리는 것처럼 투박했다. 가끔은 이런 길로 가도 됩니까, 하고 승객인 내가 묻고 싶은 만큼 이상한 길로도 갔고, 급브레이크를 밟거나 직행버스를 추월하겠다는 듯 과속도 했다. 그러나 분명히 사람을 감동케 하는 힘이 있었다. 종종 시를 읊어 대서 사람을 눈물짓게 하기도 했지만 말이다. 무엇보다도 건너편 좌석에 나의 아버지가 앉아 있었다. 말을 걸어야 하나 고민하는 동안 곧 나에게 눈물겨운 다른 누군가가 그 자리에 앉았다. 허혁의 고백은 사실 자신의 공간에서 나사못처럼 살아가는 모두의 모습이고, 그 가족들의 모습이었다. 이 책의 힘 역시 '나는'이라는 고백에서 나온다.

다소 가볍게 표현했지만, 이 글의 힘은 '나는…'이라는 고백에서 나온다. 허혁은 버스를 운전하는 동안 자신의 몸에 새겨진 언어들을 그대로 옮겨 적었다. 특별한 기교가 필요한 일이 아니다. 일하는 동안, 타인과 관계 맺는 동안, 평범한 일상을 견디는 동안, 우리의 몸에는 차곡차곡 언어가 쌓여간다. 그것은 언뜻 별것 아닌 것처럼 보인다. 그래서 남 보여주기 민망하다고, 이런 게 무슨 글이냐고, 제대로 풀어낼 자신이 없다고 굳이 내어놓지 않는다. 그러나 타인에게는 그 쉼표의 위치와 마침표의 개수까지 모두가 소중한 기록이다. 무엇보다도 내가 아닌 타인의 세계를 상상하는 가장 큰 단서가 된다. 나를 고백함으로써 나의 세계를 드러내고 타인의 지평을 넓혀줄 수 있다. 이해, 공감, 소통, 이러한 모호하지만 사회를 지탱하는 감각들은, 서로의 몸에 새겨진 언어를 공유하는 데서 비로소 우리 앞에 나타난다. 그래서 우리에게는 나를 쓰고, 타인을 읽어야 할, 의무가 있다.

일하는 동안, 타인과 관계 맺는 동안, 평범한 일상을 견디는 동안, 우리의 몸에는 언어와 물음표가 쌓여간다. 별것 아닌 것처럼 보이지만 타인에게는 무척 소중한 기록이 된다. 타인의 세계를 상상할 수 있는 단서가 되기 때문이다. '선언'이나 '제안'보다 선행되어야 할 '고백'은 그래서 중요하다. 이러한 사전작업이 있어야 우리는 비로소 타인의 목소리를 받아들일 만큼 인식의 지평을 넓힐 기회를 얻는다.

『나는 그냥 버스기사입니다』의 편집자는 그러한 고백의 힘에 대해 알고 있었던 것 같다. 이 책을 추천한 두 사람도 같은 종류의 노동을 하고 "나는······ "이라는 제복의 첫 책을 펴냈다. 『나는 빠리의 택시운전사』를 쓴 홍세화는 빠리에서 택시운전을 했고, 『나는 지방대 시간강사다』를 쓴 나는 서울에서 대리운전을 했고, 허혁은 전주에서 버스운전을 한다. 말하자면 모두 전현직 운수업 종사자다. 버스에서, 택시에서, 대리운전하는 타인의 차에서, 세 사람은 각기 다른 크기의 운전석에 앉아서 자신과 타인을 동시에 바라보았다.

우리는 만나게 된다

"노동하지 않는 몸에는 언어와 물음표가 쌓이지 않는다"고 하는 말은 사실 절반은 맞고 절반은 틀렸다. 그것이 반드시 필요하지 않은 장르의 글이 있고, 그러한 과정을 거치지 않아도 자신을 고백하고 타인을 이해할 만큼의 공감 능력을 이미 갖춘 사람들이 있다. 그러나 적어도 나는 육체노동을 병행했을 때의 글과 말, 논문과 강의가 타인에게 가서 닿는 힘이 더 컸다. 아마도 노동이 삶의 태도를 이전보다 깊게 만들어주었기 때문일 것이다. 물론 1차 자료를 읽고 분석하는 시간이 충분히 확보가 된다는 전제가 있어야 가능할 것이다. 모든 필요조건을 무시해서는 안 된다.

몸에 쌓인 언어를 털어내는 고백에 이른 한 인간은 필연적으로 "우리는" 하고 선언하게 된다. 고백과 선언에 그치지 않고 결국에는 "그래서 나와 우리는" 하고 제도와 문화를 변화시키기 위한 새로운 제안을 하게 된다. '나'에서 '너'로, '너'에서 '우리'로, 그러니까 개인에서 사회로 자연스럽게 물음표가 확장되는 것이다. 그에 답하는 과정에서 우리는 서로 만나게 된다. 너와 내가 다르지 않음을 받아들이고 함께 이 사회를 바꾸는 일에 동참하게 된다.

그러나 몸에 쌓인 언어를 평생 털어내지 못하는 이들이 더욱 많다. 『나는 그냥 버스기사입니다』를 쓴 허혁은 얼마 전 인터뷰에서 다음과 같이 말했다. "버스기사들이 대개는 '가면형 우울'로 가요. 참았다가 술집이나 각시한테 가서 사고를 칩니다. 저는 글로 우회했었어요." 쌓인 언어를 풀어내는 방식은 '글쓰기'만 있는 것이 아니다. 술집에 가서 말로 풀거나, 집에 가서 몸으로 풀거나, 하는 방식도 있다. 그것은 참작해서는 안 되는 폭력이지만 가장 쉬운 털어냄이기도 하다.

허혁은 굳이 글쓰기라는 어려운 방식을 택했다. 글쓰기로 그것을 돌린 이들의 언어는 의미를 갖는다. 허혁은 인터뷰 말미에서 다음과 같이 덧붙인다. "저는 문학이 권력이라고 생각해요. 먹고 사느라 글을 쓸 수 없는 사람들의 이야기를 치열하게 써나갈 겁니다." 더디게나마 우리 주변의 제도와 문화를 바꾸어나가는 데 기여하는 것은 바로 이러한 개인들이다.

독자들도 자신을 고백하고 타인의 고백에 더 관심을 기울일 수 있으면 한다. 자신의 몸에 새겨진 언어들을 발견하고 그 물음표에 대한 답을 드러낼 수 있다면 좋겠다. 그 글을 읽은 나는 조금 더 다정하고 정중해질 것이고, 더 나은 인간이 되어 함께 살아갈 수 있을 것이다.

오늘을
읽어내는 힘

주류를 지탱하는 무수한 비주류

대학에서 나온, 그 막막하고 외롭던 시기의 나에게 처음 들어온 일은 『주간경향』 칼럼 연재였다. 아무 만화를 대상으로 사회비평을 하면 된다고 했다. 매일 3~4개씩 웹툰을 챙겨보는 나는 그 제안을 무척 감사히 받아들였고, '만화로 본 세상'이라는 이름의 기획 연재를 시작했다. 『슬램덩크』나 『드래곤볼』처럼 어린 시절에 본 만화책부터 〈마음의 소리〉나 〈유미의 세포들〉과 같은 비교적 최근 웹툰들까지, 대략 20편이 넘는 작품들로 글을 썼다. 신문이나 잡지 지면이라고 하면 영향력이 있고 저명한 이들에게만 허락되는 것으로 알았던 나는 두렵기도 하고 설레기도 했다.

칼럼을 쓰는 동안 새삼 느낀 게 있다면 '내가 만화를 참 많이 보았구나' 하는 것이었다. 문학 연구자로 청춘을 다 보내기는 했지만 지금까지 읽은 논문·소설과 만화의 총량을 따져보라고 하면 무엇이 더 많을지 잘 모르겠다. 절대적인 텍스트 양이야 아무래도 공부하며 읽은 것이 더 많겠지만 '부수'로 따지면 그렇지 않다. 우선 『슬램덩크』와 『드래곤볼』만 해도 단행본 기준으로 73권에 이르고, 즐겨보는 웹툰들을 단행본으로 환산하고 나면 몇 백 권이 넘어간다.

그런데 나는 또래들에 비하면 오히려 만화를 적게 보는 편이다. 특히 요즘의 10~20대와 견주면 거의 경쟁이 되지 않을 것이 분명하다. '네이버 웹툰'이 2014년에 서비스 10주년을 맞아 발표한 공식 통계자료를 참조하면, 웹툰 이용자의 71퍼센트를 10~20대가 차지하고 있다. 이들에게 인기가 있는 작품들은 그 누적 조회수가 만 단위에서 그치는 것이 아니라 억 단위까지 오른다. 최장수 웹툰인 〈마음의 소리〉는 2016년 12월 기준으로 50억 조회수를 넘어섰고, 그 플랫폼인 네이버 웹툰은 10년 동안 292억 4,305만 4,984건의 조회수를 기록했다.

만화와 온라인의 만남은 웹툰이라는 새로운 장르를 탄생하게 했다. 그에 익숙한 젊은 세대가 직접 창작자이자 향유자로 나서고, 자신들이 바라보는 사회를 그대로 그려낸다. 과거의 어느 세대가 종이에 인쇄된 세로읽기와 국한문 혼용 방식에 익숙했다면, 지금의 세대는 스마트폰 화면으로 가로읽기와 횡스크롤을 동시에 하며 한국어 전용으로 읽는 데 익숙하다. 웹툰은 그 젊은 세대들에게 가장 적합한 읽을거리가 되었고, 그래서 한국 사회의 가장 젊은 감각과 실재를 촘촘히 드러낼 수밖에 없다. 웹툰은 당분간 가장 영향력 있는 텍스트로서 그 위상을 갖게 될 듯하다.

그러나 웹툰은 한국 사회의 주류 문화는 아니다. 제도권으로 쉽게 진출하지 못하는 것은 물론 아직도 웹툰을 보는 이들에 대한 편견과 혐오가 도사리고 있다. 나도 대학원생 시절에 합동연구실에서 웹툰을 볼 때면 괜히 주변을 둘러본 뒤에 몰래 화면을 띄우기도 했다. 비주류 문화, '서브컬처(하위문화)'에 머무르고 있다고 하는 것이 더욱 어울리겠다. 그런데 소설이라는 주류 문화를 연구하면서도, 흔히 서브컬처라고 하는 웹툰이 언제나 내 곁에 있었다. 주류는 사실 무수한 비주류로 인해 지탱된다.

나의 삶 역시 그렇다. 자신 있게 내어놓을 만한 주류는 극히 일부일 뿐이다. 그 얼마 안 되는 주류를 떠받치기 위해 더 많은 시간을 나와 은밀히 함께해온 비주류들이 있다. 그것은 나에게 만화이기도 하고, 록밴드 이브EVE의 노래들이기도 하고, 몇 개의 온라인 게임이기도 하다. 하나의 인간도, 하나의 사회도, 주류로만 구성되지는 않는다. 서브컬처로 그 주변부가 구성되고 뒤섞일 수밖에 없다. 아무도 읽지 않는 주류 텍스트가 있고, 누구나 읽는 비주류 텍스트가 있다. 그러나 주류는 비주류에 쉽게 자리를 내어주지 않는다. 선점한 제도와 문화의 힘으로 그 명맥을 간신히, 그러면서도 꾸준히 이어나간다. 어쩌면 우리는 언제나 그 과도기를 지나고 있는지도 모르겠다.

'만화로 본 세상'에 연재한 글들은 『고백, 손짓, 연결』이라는 제목의 단행본으로 출간되었다. 출판사의 제안에 따라 '가혹한 세상 속 만화가 건네는 위로'라는 부제가 붙었다. 그런다면 서브컬처로서 웹툰이라는 장르가 갖는 의미는 무엇일까?

생활 텍스트가 된 웹툰

웹툰은 젊은 세대들에게 하나의 '생활'로 자리 잡았다. 읽어야겠다고 생각하고 읽는 것이 아니라, 밥을 먹고 잠을 자는 것처럼 자연스럽게 곁에 두고 읽는다. 그러니까 '생활 텍스트'라고 할 수 있겠다. 웹툰 플랫폼들은 '요일 웹툰'을 제공하면서 이용자들이 매일 접속하게 만든다.

이전에는 책이나 신문을 손 안에서 펼쳐야 무엇을 읽을 수 있었다. 인쇄물은 정보를 독점하는 매체였고, 그것을 읽어야 비로소 학생으로 또 선생으로 대접받았다. 그 향수가 있는 이들은 요즘 세대들이 책을 읽지 않고 있음을 문제 삼는다. 그러나 지금의 세대들이 읽어내는 생활 텍스트가, 이전 세대들이 읽어낸 인쇄물 기반의 텍스트보다도 훨씬 많다. 이전과는 비교할 수 없을 만큼 많은 텍스트가 우리를 둘러싸고 있다. 거리의 간판, 노래 가사, 구인공고, 안내문 등도 모두 맥락을 읽어내야 할 텍스트다.

무엇보다도 모바일 단말기를 통해 웹에 접속하고 나면, 무한히 확장 가능한 텍스트와 마주하게 된다.

포털사이트이나 커뮤니티에 접속해 글을 읽고 그 댓글들도 꼼꼼히 읽어낸다. '베댓'을 읽으면서 우리는 뉴스의 뉴스를 읽는다. 한 편의 글은 그 자체로 소비되고 끝나는 것이 아니라 댓글이나 SNS 포스팅 등을 통해 확산되는데, 이 과정에서 본문보다도 훨씬 많은 텍스트가 재생산된다. 그에 더해 웹툰 역시 그 자체로 하나의 텍스트이고, 동시에 무수한 텍스트'들'로 이루어져 있다. 아래의 인용문은 웹툰 〈마음의 소리〉 어느 한 편에 담긴 텍스트를 모아본 것이다.

> 이번 달 공과금도 내야 하고… 생활비도 빠듯하니… 석이 용돈도 좀 줄이고. 그러세요 뭐. 교통비도 좀 줄이고… …아들도 좀 줄이고. 그러세… 음?! 사소한 아들 2-1 =? …물을 아끼기 위해 벽돌을 넣어 두신다던지. 꺄아앙, 압축, 줄이는 中 53%, 아. 물을. 아낌. 치약을 끝까지 짜서 쓰지 않으면 혼났지. 샴푸는 두 번 이상 짜서 쓰면 곤란하고… 욕심쟁이! 아끼면서 주는 나무, 우우. 너무해. 뭐래. 잘 아끼는 남자 J.O.P!!! 마치 다이너마이트! '좀'이야…! 너희 할아버지도 정말 알아주는 자린고비이셨단다… 자전거 갖고 싶어요! 옆집 영수네는 다 있던디… 밥 한 숟갈 먹고… 자전거 한 번 보고… 두 번 보면 안됨. 무슨 소용

이야…! 형이 입던 건데 아직 멀쩡하네!!! 형이 입었…?! 형이 안 멀쩡했군… 젠장!!! 그것이 힙합 패션의 시작이었어!!!!!!! 끄덕. 뭔 상관인데요…!!! 이게 티어세트지 어딜 봐서 평상복이야…! 형 아람단 모자, 아버지 어깨 정장, 어머니 블라우스, 아휴~ 이쁘기만 하네~ 안 보고 말하는 마지막 양심. 질투. 쩐다, 졌다, 응?! 으… 코카간장, 데미식초, 참기름활명수, 팔성소주. 물이 고소해! 공기가 고소해! 주먹이 고소해! 하하 고소해. 담당자가 고소해 해! 간장을 따로 담아두어야 하는데… 마땅한 게 없네… 톼아-! 카학! 데미식초. 그냥 통 하나 사서 담으면 되잖아요. 자꾸 헷갈리기만 하고… 뭐하러 그런 걸 돈 주고 사니… 절약하시려는 마음인데…! 하… 하긴 여기 페트병 남는 거 많이 있어요…! 콜라병이 없잖아, 간장을 넣을 건데. 음?!

어머니들은 항상 무언가를 절약하기 위해 노력하신다. 매우 사소한 것조차 아끼려고 하시지. 왜 그런 것들 있잖아. 두 개 달린 형광등 한 쪽을 빼 놓으신다든지… 하긴… 어머니는 우리가 어릴 적부터 늘 절약을 실천하셨다. 그땐 사소한 것마저 아끼는 어머니에게 불만이 많았지만… 덕분에 아낄 줄 아는 남자가 될 수 있었다. 하지만 무조건적으로 절약만을 외치시던 분은 아니셨어. 나도 어릴 적엔 형이 입던 옷을 자주 물려받아 입곤 했다. 그래서인지 유년기 내 모습은 늘 우스꽝스러워서… 친구들로

부터 놀림을 당하곤 했다. 요즘은 쓰고 난 페트병 같은 것도 모으신 후 식재료를 보관하는 용도로 쓰시곤 하는데… 이게 공교롭게도… 구분이 명확하지 않아… 덕분에 박카X 병에 든 참기름을 원샷했지. 그리고 3일 동안 고소했다. 작은 페트병 하나도 허투루 쓰지 않으시려는 어머니의 마음인데. 간장은 콜라병에 넣는 헌터의 치밀함. (「절약 마더」, 〈마음의 소리〉, 394회, 2010년 2월 26일.)

19컷의 웹툰 한 편에 존재하는 텍스트는 1,302자에 이른다. 일간지 칼럼 한 편의 분량이 1,100~1,300자인 것을 감안하면 양적으로 거의 비슷하다. 웹툰의 평균 컷은 계속 늘어나고 있으니까 그 텍스트 양 역시 그에 비례해 더욱 늘어난다. 단순히 접근하면, 한 편의 웹툰을 본다는 것은 한 편의 칼럼을 읽는 만큼의 텍스트를 받아들이게 된다는 의미다.

특히 웹툰은 '정주행'이나 '역주행'이라는 읽기 방식을 통해 한 작품을 여러 번 다시 읽게 된다. 정주행은 첫 화부터 순차적으로 읽어나가는 것이고 역주행은 최신 화부터 거꾸로 읽어나가는 것이다. 역시 굳이 그렇게 하고자 해서 하는 일이 아니다. 최신 화를 읽다가 '이전 화 보기'를 누르고 나면 그때부터는 참을 수 없게 되고 만다. 나도 1,000화를 넘긴 〈마음의 소리〉를 3번 넘게 역주행했고, '인생 웹툰' 중 하나인 〈덴마〉는 문득 기억나는 장면이 있으면 그 에피소드를 몇 번이고 정주행했다.

만화책 역시 다르지 않아서 『슬램덩크』의 마지막 세 권은 대학원생이 된 이후로는 몸과 마음이 힘들 때마다 몇 번이고 다시 읽었다. 반면 문학 연구자였으면서도 논문이나 소설은 여러 번 다시 읽는 일이 드물었다. 지도교수의 소설사를 5번쯤 읽고서 선배에게 "그건 오독伍讀이라기보다는 오독誤讀이구나"라는 말을 들은 것이 거의 유일하다.

책을 읽지 않고 정체 모를 플랫폼에서 머무는 것 같은 젊은 세대들이 오히려 종이 인쇄물을 읽는 기성세대들보다 많은 양의 텍스트를 읽는다. 카카오페이지, 레진코믹스, 저스툰, 네이버 웹툰, 다음 웹툰 등에서 단행본 몇 권 분량의 웹툰을 읽어낸다. 주류 텍스트가 이 사회의 제도와 문화를 선점하고 그 명맥을 이어나가고 있다면, 웹툰이라는 비주류 텍스트는 독자들의 생활에 깊이 침투해 더욱 큰 영향력을 미치고 있는 셈이다.

동시대를 반영하거나, 미래를 예비하거나

웹툰 〈미생〉은 기념비적인 작품으로 평가된다(웹툰 작가 윤태호가 2012년 1월 17일부터 2013년 7월 19일까지 다음 웹툰 '만화 속 세상'에 연재했다). 단행본으로 제작되어 200만 부의 판매고를 올렸고, tvN에서 동명의 드라마로 제작되어 8.2퍼센트라는 높은 시청률로 종영했다. 2010년대 초중반은 가히 미생 열풍이라고 할 만했다. 2012년에 박사과정을 밟고 있던 나도 〈미생〉을 꼬박 챙겨 보았다. 인턴 사원 장그래가 정규직이 되기 위해 고군분투하는 모습을 괜히 대학원생인 나와 비교하면서 위안을 얻었다.

그런데 〈미생〉은 미생의 삶을 살아가는 청년세대뿐 아니라 자신이 완생에 이르렀다고 믿는 기성세대까지, 거의 모든 세대에 걸쳐 사랑받았다. 작품 완성도가 높았던 것에 더해, 그만큼 그것이 "아프니까 청춘이다"라는 시대의 수사와도 어울렸기 때문이다. 장그래뿐 아니라 정규직 전환이 불투명한 인턴으로 입사한 청년들의 모습은 그 시기를 뒤덮은 '열정', '노력', '분투'라는 단어로 가장 잘 설명된다. 청년세대는 장그래라는 롤모델을 얻었고 기성세대는 자신의 젊은 날에 정당성을 부여해줄 장그래라는 과거를 얻었다.

그런데 〈미생〉이 2018년에 등장했다면, 2010년대 초반과 같은 영광을 얻기는 몹시 힘들었을 것이다. 2010년대 중반부터는 "아프니까 청춘이다"가 "아프면 월차 내고 병원에 가야 한다"는 것으로 바뀌었다. 개인의 노력만으로 더는 삶의 아픔을 해결할 수 없다는 좌절감이 높아지고, 이제 개인이 아닌 구조적인 데서 문제의 원인과 대안을 찾아야 한다는 인식이 퍼지기 시작했다. 그때까지 청년 멘토를 자처하던 이들은 조롱의 대상이 되었다. 〈미생〉은 그 마지막 타자로 들어서서 끝내기 홈런을 날리면서, 한 시대가 저물었음을 알렸다. 그 이후의 장그래들은 쓸쓸히 물러나야 했다. 2015년 11월부터 〈미생 2〉가 연재되었지만 전작만큼의 관심을 받지는 못했다.

2017년에는 〈팀장님 만화〉라는 웹툰이 화제가 되었다(웹툰 작가 짠짠맨이 2017년 6월부터 디시인사이드 '카툰-연재 갤러리'에 연재했다. 지금은 작가의 개인 블로그에 비정기적으로 연재하고 있다). 정식 플랫폼에 연재된 것도 아니고 20대의 젊은 청년이 커뮤니티 게시판에 비정기적으로 올린 작품이다. 그는 회사에서 팀장과 겪은 실제 에피소드들을 유쾌하게 그려냈다. 각 제목을 보면 '팀장님이랑 종합격투기 한 달 했던 만화', '팀장님 술 먹고 인형뽑기 기계에 끼인 만화', '팀장님 치매 예방해주다가 전쟁으로 번진 만화' 같은 것이 있는데, 회사를 배경으로 했다는 점만 제외하면 〈미생〉과는 도무지 닮은 데가 없다.

〈팀장님 만화〉에 등장하는 '팀장님'은 〈미생〉의 팀장들과는 많이 다르다. 〈미생〉의 팀장들은 그가 가진 성품과는 관계없이 얼마나 '전문성'을 가지고 있는가 하는 것으로 평가받는다. 의외의 따뜻함을 보여주는 캐릭터들도 있지만 조직 안에서 보이는 역량이 전제된다. 그에 더해 그들이 어떻게 치열하게 분투하고 있는지도 함께 그려진다. 보고서에 넣을 단어의 축약을 고민하고, 계약을 따내기 위해 원치 않는 접대를 하고, 사내 정치에서 어느 줄을 잡기를 강요당하기도 한다. 예컨대, 장그래가 속한 영엽3팀의 오상식 과장의 눈은 언제나 충혈되어 있다. 그것만으로도 그와 그들이 회사에서 어떻게 버텨내고 있는지가 모두 설명되는 듯하다.

반면 〈팀장님 만화〉의 팀장님은 "야, 임마, 이 대리 이 짜식이 말이야" 하고 다가와서 홍삼엑기스를 하나 주고 수줍게 사라지는, 치열함보다는 다정함과 순수함으로 무장한 캐릭터다. 인형 뽑기 기계 안에 손을 넣었다가 그 안에 끼어서 살려달라며 울기도 하고, 누나의 강아지를 맡아주기로 했다가 무서워서 부하 직원을 집에 부르기도 하고, 생존 다큐멘터리를 보고 감화를 받아 산에 갔다가 조난을 당하기도 한다. 그에게서는 권위 비슷한 단어도 찾아보기 힘들다. 그러나 그 팀장님에게 많은 이가 열광했다. "호에에엥……" 하는 작품의 유행어를 따라하며, "나에게도 저런 팀장님이 있으면 좋겠다" 하고 댓글을 다는 것이다.

그러니까, "아프면 병원에 가야지, 월차도 쓰고 좀 쉬어" 하고 말해주는 상사가 환영 받는 시대가 된 것이다. 물론 우리에게는 〈미생〉의 팀장이 더욱 친숙하다. 〈팀장님 만화〉의 작가 짠짠맨(이 대리)을 인터뷰한 기자는 "만화에서 그려진 직장 모습이 한국 문화와 너무 달라 '자작인 것 같다'는 일부 비난 여론도 있었어요, 만화에 등장하는 에피소드가 정말 진짜인가요" 하고 물었고, 독자들이 이 대리가 다니는 회사를 부러워한다고 덧붙이기도 했다. 그러자 작가는 "외국 생활을 오래해서 주변 친구들이 한국 직장 문화가 맞지 않을 것 같다며 걱정을 많이 했다. 그런데 지금은 학교를 가듯 즐겁게 직장 생활을 하고 있다"고 답했다. 아무래도 그는 운이 무척 좋았던 모양이다.

그러나 〈팀장님 만화〉가 한국 사회의 달라진 모습을, 혹은 달라지고 싶은 모습을 그대로 반영하고 있음은 분명하다. 어느 특정 플랫폼에 정식으로 연재되지 않았지만, 〈팀장님 만화〉는 그를 닮은 청년세대가 주로 활동하는 여러 커뮤니티로 빠르게 퍼져나갔다. '웃긴대학', '오늘의유머', '도탁스', '쭉빵', '에펨코리아' 등 어디에서든 그의 작품이 화제였다. 커뮤니티 베스트 게시물의 조회수가 2~50만 정도가 되니까, 〈팀장님 만화〉의 누적 조회수는 일반 플랫폼의 인기 만화 못지않을 것이다.

그런데 2010년대 초반에 〈팀장님 만화〉가 등장했다면, 역시나 이만한 반향을 불러오지는 못했을 것이다. 독특한 그림체로 꾸준히 만화를 그리는 사람이 있다더라, 하는 정도에 그쳤을 것이다. 그러나 2010년대 후반에는 '팀장님'이 화려하게 등장할 만한 무대가 이미 마련되어 있었다.

〈미생〉도 〈팀장님 만화〉도 각각 그 시대를 정확하게 포착하고 담아낸 대표적인 작품이다. 두 작가가 그것을 의식했든 하지 못했든, 각각 2010년대 초반과 후반의 달라진 분위기를 그대로 그려냈고, 일견 시대의 흐름을 추동하기도 했다. 동시대를 실시간으로 반영했다고도, 곧 다가올 시대를 예비했다고도 할 수 있겠다.

고백은 손짓이다

〈미생〉과 〈팀장님 만화〉, 두 작품이 그려낸 '오늘'은 그 시대를 살아가는 이들에게 큰 공감과 지지를 이끌어냈다. 누군가에게는 장그래와 팀장님의 서사가 현재로 와서 닿았을 것이고 누군가에게는 과거나 미래로 보이기도 했을 것이다. 그 서브컬처가 담아낸 오늘이 현재에 가깝게 느껴질수록 어쩌면 '서브휴먼'으로 살아가는 비주류 인간이겠고, 오지 않을 미래 정도로 느껴진다면 주류 인간에 더욱 가깝겠다.

나는 독자에게 서브 휴먼이 되어 일상을 감각해보기를 제안한다. 주류의 시선에서 벗어나 오늘의 변화를 응시하는 것이다. 가장 좋은 방법 중 하나는 웹툰을 보는 것이겠다. 별로 어려운 일이 아니다. 대중적인 플랫폼의 웹툰 카테고리에 들어가서 상위에 랭크된 몇 편을 보는 것으로 충분하다. 그런데 이 글을 읽고 있는 독자라면 아마도 그 작품들의 서사 전개부터 구조까지 무엇 하나 익숙하지 않을 것이다.

고백하자면, 나도 요즘 보는 웹툰 수가 점점 줄어들어 간다. 플랫폼에 서비스되는 웹툰 수는 계속 늘어나는데도 그렇다. 왜냐하면 '아, 이런 게 재미있나…… 대체 어디에서 웃어야 하는 거야' 싶은 것이 대부분이기 때문이다. 그런데도 그 작품들은 10~20대의 지지를 받으면서 내가 보는 작품들을 밀어내고 상위에 랭크된다. 그래도 나는 꾹 참아가며 몇 편의 웹툰을 본다.

그래야 "이거 약간 실화냐" 하는 정체불명의 유행어가 자연스럽게 입에 붙은 후속 세대들을 조금이나마 이해할 수 있을 것 같아서다.

웹툰을 비롯한 서브컬처 장르들이 시대적으로 갖는 가장 큰 가치는 아무래도 그것이 젊은 세대를 이해하게 해준다는 데 있을 것이다. 그들이 한국 사회를 바라보는 감각의 실재가 무엇인지 간신히 상상할 수 있게 해주는 듯하다.

내가 책의 제목을 『고백, 손짓, 연결』이라고 지은 이유도 여기에 있다. 개인의 고백이 타인에게 보내는 손짓이 되고, 그래서 서로 연결될 수 있으리라는 기대를 담았다. 평론이라기에는 무언가 가볍고 에세이라기에는 무언가 무거운 어중간한 무게의 책이지만, 대학에서 나와 그간 내가 쓴 글들이 대개 이러하다. 웹툰이라는 서브컬처를 핑계로 선배 세대들과도, 다음 세대들과도, 연결될 수 있기를 기대한다.

젊은 꼰대의
탄생

'취준생'을 마주한다는 것

'청년 멘토'로 이름이 있는 H를 만났다. 나보다 두어 살이 많은 그와는 몇 년 전부터 친분이 있어 종종 사적인 자리를 가진다. 그의 이름은 대부분의 사람에게는 생소하지만 청년들, 특히 취업준비생들 사이에서는 꽤나 알려져 있다. 멘토를 자처하는 이들이 대개 강연을 하거나 책을 홍보해서 생계를 이어가지만, H는 새로운 청년문화를 만드는 데 관심이 있다.

우선은 청년들의 최대 관심사가 '취업'이라는 것을 알고 그에 대한 도움을 주는 데 주력한다. 성과가 꽤 좋아서 그를 찾아오는 청년이 무척 많아졌다고 한다. 물론 그것이 이 사회의 취업구조를 바꾸거나 근본적 문제를 개선할 방안은 되지 못하지만, 그는 자신이 할 수 있는 일을 하고 있다. 나는 도울 수 없는 일이어서 그의 행보를 관심 있게 지켜보며 응원하는 것이 전부다.

취업을 준비하는 청년들, 그러니까 여러 명의 '취준생'을 곁에서 지켜보는 것은 특별한 경험이다. 단순히 대학생이나 20대를 만나는 것과는 다를 수밖에 없다. 사실 수많은 청년문제의 근본적 원인은 '취업이 잘 되지 않는다'는 데에 있다. 취업을 포기하기에 연쇄적으로 연애, 결혼, 출산, 육아, 주택 등을 포기하게 되는 것이다. 대학을 졸업하고도 제대로 된 직장을 구하기 힘든 현실이야 IMF 외환위기 이후 언제나 그래왔고, 이제는 '88만원 세대'를 넘어서 무급 인턴마저 스펙이 되는 시대가 왔다.

누가 취업했다고 하면 인턴인지, 비정규직인지, 정규직인지, 우선 확인해야 한다. 취업을 앞둔 청년들의 간절함, 두려움, 조급함의 크기는 우리가 상상하는 것 이상이다. 그래서 취업 최전선에 있는 20대 중후반의 청년들을 지켜본다는 것은 곧 그들의 민낯과 마주한다는 의미가 된다. H는 대한민국의 청년을 가장 잘 정의할 수 있는 사람인지도 모른다.

H는 술을 주고받다가 어느 순간 '젊꼰'이라고 혹시 아느냐고 물었다. 처음 듣는 단어였지만 그것이 대강 '젊은 꼰대'를 지칭하고 있음을 알았다. 내가 "20대 꼰대도 많은 모양이죠?" 하고 되물으니, 그는 "아휴, 말도 마십시오. 걔들이 더합니다"라고 답했다. 어쩌면 그와 나 역시 다음 세대를 폄하하는 꼰대가 이미 되어 있는지도 모르겠지만, 오랫동안 수백 명이 넘는 취준생과

함께해온 그의 이야기를 더 들어보고 싶었다. 그와의 대화가 그대로 기억나는 것은 아니고 옮기는 과정에서 왜곡될지도 모르겠다. 그 논지만을 대강 복원해보자면, '보상 심리'로 압축된다.

취준생들이 그 어느 때보다도 가혹한 시대를 보내고 있음은 굳이 짚고 넘어갈 필요도 없다. 그들이 얼마나 힘든가 하는 것을 주워섬기는 것도 이제 무의미한 일이 되었다. 금융권 대기업 출신인 H도 그들이 이전의 자신보다 더욱 심화된 경쟁의 장場에 있음을 잘 안다. "아프니까 청춘"이라는 위로가 유효한 시절이 있었지만, 이제는 그것도 조롱으로 받아들여질 뿐이다. 그런데 그러한 아픔을 겪은 세대가 보상받고 싶은 심리를 어떻게 내면화할 것인가? H에 따르면 그들은 어느 세대보다도 빨리 '꼰대'가 될 것이다. 혹은 이미 그렇게 되고 있다.

'젊은 꼰대'라는 단어는 '뜨거운 아이스 아메리카노' 같은 느낌을 준다. '꼰대'라는 단어가 국어사전에는 "은어로 '늙은이'를 이르는 말, 학생들의 은어로 '선생님'을 이르는 말"로 수록되어 있고, 일상에서 거의 '아재'의 동의어로 쓰이고 있음을 감안하면, '젊은'이라는 형용사와는 도무지 어울리지 않는다. 그러나 뜨거운 커피 안에서 녹지 않는 얼음처럼 이질적으로 부유하는 한 세대가 있다. 딱히 뜨겁지도 차갑지도 않게, 어느새 자신들이 혐오해 마지않는 그런 미지근한 꼰대가 되는 이들이 있다. 그들은 "내가 어느 세월을 견뎠는데" 하는 자기 서사를 이미 가졌다. 그것은 어쩌면 그들의 부모 세대가, 혹은 조부모 세대가 자신들을 '민주화 세대'와 '산업화 세대'로 지칭하는 '보상의 서사'와도 닮았다.

저마다 자기 세대가 어느 세대와도 비교할 수 없는 생존 경쟁을 했고 거기에서 살아남았다고 믿는다. 누구나 자신이 진 십자가를 가장 가혹하게 느끼는 법이다. 지금의 청년세대 역시 그렇다. 성장이 정체된 한국 사회에서 취업과 생존을 위한 가혹한 경쟁을 해온 그들은 거기에서 승리하든 패배하든 어떤 보상 심리를 간직하게 된다. 나는 그것이 이전 민주화·산업화 세대가 가진 자존감과는 다소 다르겠으나, 상당히 큰 분노로 적체되어 있다고 생각한다. 말하자면, 지금의 청년세대는 그들이 혐오해 마지않는 '아재'와 '꼰대'가 될 사회적 조건을 충분히 갖추었다.

정규직에 목숨 거는 신입사원

나는 청춘을 거의 대학과 대학원에서 보냈으니 취업의 당사자였던 일은 별로 없었다. 피자헛, 편의점, 이삭토스트, 맥도날드, 택배 상하차, 과외, 학원 등 대학교 바깥에서 생계를 위해 했던 크고 작은 아르바이트 경험을 취업이라고 하기에는 민망하다. 그러나 졸업한 선후배들의 취업을, 그리고 최근까지는 제자들의 취업을 곁에서 지켜보았다. 그중에서 동기 P의 취업기가 오래 기억에 남는다.

벌써 5년 전의 이야기다. P가 졸업 후 식료품을 파는 중견기업에 취업했다고 하기에 축하를 보냈다. 어느 마트에 가든 판매대가 있는, 알 만한 기업이었다. 그러나 며칠간의 연수까지 참가하고 온 P는 3개월 후 평가 점수에 따라 정규직 전환이 결정된다며, 그때 다시 축하해달라고 말했다. 여러 절차를 거쳐 사람을 뽑아 놓고도 다시 한번 경쟁하게 만들고, 그러는 동안 그들의 노동력을 값싸게 이용하고 결국 몇 명만을 남기는 시스템인 것이다. 나는 그렇게 사람을 뽑는 방식이 잘 이해가 가지 않았다.

얼마 후, P에게 다시 연락이 왔다. 명절 선물세트가 필요하면 자신에게 구매를 하라는 것이었다. 직원들이 선물세트를 얼마나 팔았는지 실적을 체크하는데, 경쟁자인 동기가 생각보다 너무 많이 팔고 있다고 했다. 정규직 전환을 두고 경쟁하는 신입사원에게 선물세트 판매를 종용하다니, 나의 친구는 너무나 가혹한 처지에 놓여 있었다. 아마도 가족, 친인척, 친구, 선후배 등 자신이 아는 모든 사람에게 부탁했을 것이다.

나는 어머니께 전화해 사정을 설명하고 선물을 보낼 곳이 있으면 내 친구를 통해 구매해달라고 했다. 어머니는 몇 개의 선물세트를 구매하는 데 그치지 않고 주변의 지인들에게 팸플릿을 보내 몇 개를 더 팔아주었다. 아무래도 그에게서 아들의 모습을 보았을 것이라고, 나는 지금도 믿고 있다. 나는 명절 선물을 해본 경험이 거의 없어서 딱히 신물세트가 필요하지 않았지만, 제일 가격이 싼 김 선물세트를 10개 정도 구매했다.

딱히 누구에게 선물할 일도 없어서 한동안 밥을 먹을 때마다 김 잔치를 벌였다. 지금도 김을 먹을 때면 P의 얼굴이 먼저 떠오른다. 그가 동기와의 실적 대결에서 승리했는지 패배했는지는 잘 모르겠다. 굳이 그것을 물어보고 싶지 않았다. 지금 그는 다른 회사에 다니고 있다.

P가 취업을 준비한 때가 2000년대 후반이니까, 지금은 이미 10년 정도가 지났다. 그는 그래도 경쟁의 기회를 얻었지만, 졸업과 함께 '88만 원'을 받는 공공기관 인턴으로 사회생활을 시작한 동기가 많았다. 그리고 지금의 청년들은 더욱 심화된 취업 경쟁의 장에 내몰린다. P를 비롯한 10년 전 청년들의 이야기는 지금의 취준생들에게 낭만적 서사일 뿐이다.

"언제부터 꼰대가 되었습니까?"

꼰대가 된 이들에게 "당신은 왜, 그리고 언제부터 꼰대가 되었습니까?"라고 묻는다고 그들이 친절히 답해줄 리는 없다. 오히려 화를 벌컥 내며 자신이 소통을 위한 노력을 얼마나 하고 있는지 '설명'을 시작하기가 쉽다. 당연하겠지만, 자신이 꼰대인 줄 아는 꼰대는 더는 꼰대가 아니다.

그런데 얼마 전 출간된 책 『청춘의 가격』은 왜 청년이 젊은 꼰대가 될 수밖에 없는지를 명료하게 말한다. 이 책은 인터뷰를 통

해 청년의 현실을 진단하고 몇몇 연구원이 그 대안을 제시하는
방식으로 구성되어 있는데, 어느 대학원생의 인터뷰를 읽다가
한동안 눈이 멎었다.

> 문 지금 자의로 노동시장 밖에 머물고 있는데, 이 시기가 어떻
> 게 기억에 남을까요?
> 답 과연 남을까요? 제 경우에는 학업을 계속해 와서 취업 시도
> 자체를 거의 안 했으니까 별로 할 말이 없는데, 다른 사람들
> 은 그런 경우가 보이거든요. 정말 1년 동안 연락도 안 하고
> 취업 준비를 열심히 해서 대기업에 갔습니다. 그 순간 꼰대
> 가 되는 거죠. 나는 노력을 했는데, 너희는 노력도 안 하고…
> 이렇게 미화되어버리는 것이죠. 그런 경우라면 이 시기가
> 변질되어서 기억에 남지 않을까요?

"이 시기가 어떻게 기억에 남을까요?"라는 질문에, 30세의 대
학원생은 두 가지의 경우로 나누어 대답했다. 취업 시도를 하지
않거나 취업에 실패한다면 지금의 아픔이 기억에 남지 않을 것
이지만, 취업에 성공한다면 '미화' 혹은 '변질'된다는 것이다. 나
도 그와 비슷한 나이에 대학원을 다녔고, 대개 관찰자로 존재했
다. 직장인 친구들과 대학원의 젊은 연구자들이 어떻게 변해가
는지를 곁에서 지켜보았다. 그 넉분에 그의 '젊은 꼰대론'에 절

반 이상의 동의를 보낸다.

　대학원 경험이 있는 이들은 젊은 연구자들이 밟아나가야 할 단계에 대해 잘 알고 있다. 대학원 시절에는 대개 교수의 연구를 보조하거나 학과 사무실의 행정을 담당하는 조교로 일한다. 대학원 수료 후에는 운이 좋다면 시간강의를 얻어 당장의 생계를 해결하거나 학회에서 무급 간사로 일하며 인맥을 쌓아간다. 박사학위를 받고서는 허락된다면 '포닥Post Doctor(박사 후 과정)'이 되어 여기저기에 이력서를 내며 정규직 교수 자리를 알아보는데, 요즘은 그나마 정원定員이 더욱 줄어서 비정년트랙 강의전담 교수 되기도 쉽지 않다.

　이것이 대학원에 진학한 젊은 연구자들의 일반적인 모습이다. 요컨대, 조교-시간강사-교수(비정규직·정규직)로 이어지는 단계가 있다. 시간강사에서 교수가 되기는 요원하지만, 대학은 '고용의 백화점'이라는 오명을 가진 조직답게 그들이 학교 내에서 간신히 머무를 만한 자리를 형식적으로나마 만들어낸다. 그것이 정의로운가 부조리한가, 아니면 상식적인가 비상식적인가?

　나는 대학원생 조교를 하던 중, 시간강사-교수의 단계를 그럭저럭 성공적으로 밟아가는 모 선배를 만났다. 그는 여러 대학원생에게 선망의 대상이었다. 그런데 그가 어느 날 나를 비롯한 후배들에게 장난스럽게 "너희는 조교 해서 얼마나 버냐?" 하고 물었다. 모두 학과 사무실에서 조교로 일하고 있던 우리는 "이번 학기에는 등록금이 거의 보전되니까 한 학기에 400만 원 정도 버는 것 같아요"라고 답했다. 그러니까 조교로 일한 대가로는 등록금을 충당할 수 없어서 50만 원 정도를 따로 마련해야 했다. 그러자 그는 갑자기 탄식하며 자신이 대학원을 다닐 때는 한 학기에 200만 원을 채 받지 못했는데 우리가 참 부럽다고 하는 것이다.

그저 웃고 넘어갈 수 있는 일이었는데, 나는 그 상황이 몹시 불편했다. 그래서 그에게 "선배님이 조교를 할 때는 등록금이 얼마였나요?" 하고 물었다. 그는 잠시 생각하더니 170만 원 정도였던 것 같다고 답했다. 그는 1990년대 후반에 대학원을 다녔다. 그러나 2010년 초반 무렵, 그의 후배들이 내야 하는 대학원 등록금은 450만 원이 넘었다. 실질 등록금을 계산해보면, 그는 '우리 때' 이야기를 해서는 안 되는 것이다. 나는 그에게 '그러면 등록금을 내고도 돈이 남았으니까 오히려 우리보다 더 많이 받으셨던 것 아닙니까?'라고 되묻고 싶었지만, 더 나아가지는 않았다.

그 이후에도 비슷한 일을 여기저기서 겪었다. 그것을 굳이 구구절절 이야기하고 싶지는 않다. 대학원생 시절에 조교 업무의 부조리함에 대해 말하던 이들이, 시간강사 시절에 강사 처우의 불합리함에 대해 말하던 이들이, 그 단계를 막 벗어나자마자 그 서사에서는 혼자 빠져나간다. 혹은 자신이 그렇게 비판해 마지 않던 그 구조를 옹호하고 후배들에게 강요하기도 한다.

누구나 어제보다 꼰대가 된다

그런데 돌이켜보면, 나 역시 조직 안에서 알게 모르게 대표적인 꼰대가 되기도 했다. 조교들을 관리하는 조교장이 되었을 때는 전임자 누구에게도 지지 않을 만큼 후배들을 통제하고 감시했다. 내가 근무한 학과 사무실은 석사과정 합격통지서를 받은 예비 신입생들에게 방학 중 2개월이 넘는 기간에 오전 9시부터 오후 5시까지 무급 근무를 시키는 관례가 있었다. 학기 시작 후 일을 할 수 있게 인수인계를 한다는 핑계를 댔지만, 사실은 후배 길들이기의 일환이었다. 그 어느 기업에서도 비숙련 노동자라는 이유로 무급 노동을 강요하지 않는다. 적어도 법의 눈치를 보기 때문이다.

신입생 시절에는 그것이 몹시 부당하다고 여겼다. 그러나 몇 년 후 조교장이 된 나는 합격통지서를 받은 예비 신입생에게 전화해서 '조교로 일하고 싶으면 당장 다음 주부터 출근해야 한다'고 말했다. 그러면서 조교 근무를 하지 않으면 단 한 푼의 장학금도 받을 수 없다고, 그것이 이곳의 정해진 문화라고 당연하다는 듯 덧붙였다. 전화를 받은 예비 신입생은 생각할 시간을 달라고 했고, 얼마 지나지 않아 등록을 포기했다. 그때 나 자신을 돌아볼 수 있었지만 그렇게 하지 않았다. 대신 후배들에게 '다음 학기 신입생이 조교 근무를 하고 싶지 않아 등록을 포기한 것 같은데 이해할 수가 없다'고 말했다. 후배들이 어떤 반응을 보였는지는 잘 기억나지 않는다. 다만, 내가 얼마나 부끄러운 인간이었는지를 더 오랜 시간이 지나고서야 간신히 알았다.

수료생이 되고 나서는 후배들에게 논문을 많이 써야 한다고 공공연히 압박했다. 그 기준은 '나만큼'이었다. 내가 1년에 한 편씩 한국연구재단 등재지에 논문을 게재한 것을 모두 알지 않느냐, 그렇게 논문을 써야 그래도 연구자라고 할 수 있지 않겠느냐, 하고 부끄러운 줄 모르고 떠들었다. 그렇게 단계를 거치면서 누구나 어제보다 더욱 꼰대가 되어버리는 것이다.

『나는 지방대 시간강사다』를 쓰면서, 나는 내가 과거를 그대로 '기억'하는 것이 아니라 미화하고 '추억'해왔음을 알았다. 거기에서 그치지 않고 후배들에게 그 추억을 강요하는 그런 못난 인간이기도 했다.

내가 이후에 어떠한 삶을 살아가든 나의 과거를 미화하거나 추억하지 않고 '기억'하기 위해, 썼다.

나는 『나는 지방대 시간강사다』를 쓴 이유를 서문에서 이와 같이 밝혔다. 8년 동안의 대학원생 조교와 시간강사 시절을 한 번쯤 돌아보고, 기록하고 싶었다. 그렇게 하지 않으면 과거와 현재를 계속 추억하고 미화할 것이 분명했다. 아니, 이미 그러고 있는 내가 두려웠다. 고백하자면, 나 역시 대학의 젊은 꼰대였다.

조직의 논리에 동화되는 괴물

사실 자신이 몸담은 사회와 개별 조직이 가진 구조의 문제점이 가장 잘 보이는 위치는 '경계'다. 회사에서는 비정규직 노동자가, 대학에서는 대학원생 조교와 시간강사가, 또 어느 공간에서는 어린아이가, 여성이, 청년이, 그 균열을 가장 잘 목도한다. 그러나 정규직으로 전환되고, 교수가 되며, 가장이 되며, 소수자에서 다수자가 되면, 점차 그 균열을 외면하게 되는 것이다. "자리가 달라지면 보이는 풍경도 달라지는 법"이라는 말처럼, 우리는 과거에 인지했던 처참한 풍경을 쉽게 망각한다. 그것을 '필요악'으로 규정하기도 하고, 오히려 순응하지 않는 개인을 악한 존재로 몰아가기도 한다.

그러나 인간은 나약한 존재다. 자신을 끊임없이 뒤돌아보지 않으면 개인이 아닌 조직의 논리에 동화되어 괴물, 즉 꼰대가 되어버리기 쉽다. 많은 사람이 단순히 '나이 먹음'이 아니라 경계에서 얼마나 더 중심으로 발을 내딛느냐에 따라 자신의 입장을 바꾼다. 지금의 청년세대가 그 어느 세대보다도 훨씬 경쟁에 익숙한 것을 감안하면, 한국 사회는 그들에게 꼰대가 될 만한 조건을 충분히 마련해주었다. 이른바 '젊꼰'이 탄생하기에 가장 알맞은 때인 것이다.

『청춘의 가격』에서 인터뷰한 대학원생은 성공한 청년들만 꼰대가 될 것이라고 말했지만 나는 거기에 동의하지 않는다. '성공'이 대기업이나 공기업에 정규직으로 취업하는 것이라고 할 때, 그런 청년은 아주 소수일 뿐이다. 다만, 치열하게 그 경쟁에 참여했든 참여하지 않았든, 자신이 그러한 장 안에 있었다는 경험과 감각만은 남는다. 이 글은 나를 위한, 그리고 자신도 모르게 어느새 꼰대가 되어버린 모두를 위한 변명이다.

'청년은 아프다'거나 '청년은 꿈꾸어야 한다'라고 말하는 것은 오히려 그들의 주체성을 벗기는 일이 된다. 지금까지의 청년 담론이 대개 그래왔다. 그러나 나는 아직 꼰대가 되지 않았을 청년들에게, 그리고 나처럼 꼰대가 된 청년들에게, 한 가지 바라는 점이 있다. 다른 세대보다 조금 빨리 주체적으로 자신을 성찰하기를 바라는 것이다. 그들이 보상의 서사에 매몰되지 않으면 좋겠다.

특히 자신의 과거와 현재를 왜곡하거나 외면하지 않아야 한다. '추억'하는 것이 아니라 '기억'해야 하는 것이다. 그러면 경계에서 중심으로 한 발 다가갔을 때 잘못된 구조를 바꾸는 데 힘을 보탤 수 있고, 적어도 후배에게 부조리함을 강요하지 않는 인간이 될 수 있다. 그러지 못하면 지금의 청년세대는 다음 세대에게 역시나 '꼰대'보다 더한 무엇으로 규정되고 말 것이다.

청년의 유효기간이 거의 끝나가는 나는 그것이 몹시 억울하고 두렵지만, 어느새 다음 세대에게 책임이 있는 나이가 되었다. 나는 '88만 원 세대'로 시작해 10여 년이 지나는 동안 무엇도 바꾸지 못한, 어쩌면 아프다는 목소리조차 제대로 내지 못한 '끼인 세대'다. 내 주변에는 P와 같은 친구가 많다. 그래도 술자리에서 후배들을 '젊꼰'으로 규정하는 못난 일은 이제 그만하고, 할 수 있는 일을 찾고 싶다. H와도 비슷한 내용으로 그 자리를 마무리했다. 이 글은 그 누구도 제대로 위로하거나 비판하지 못하는 무력한 것이 되고 말았지만, 어쩌면 이것이 경계에서 보내는 꾸밈 없는 목소리가 아닐까 하는 민망한 핑계를 함께 담는다.

어른은 어떻게
성장하는가?

어른이 된다는 건 너무나 피곤한 일

나는 나를 비롯한 청년세대가 이미 구조적으로 '꼰대화'
되어 있다는 진단과 함께, 기성세대들이 자신이 갖고 있는 일상
의 권력을 인식하고 내려놓아야 한다고 제안한 적이 있다. 그 이
후 다른 매체에 관련 글을 기고한 일이 별로 없다. 페미니즘의
확산과 함께 특히 기성세대 남성 권력에 대한 비판이 많아졌고,
거기에 굳이 내가 몇 줄을 보탤 필요가 없어 보였기 때문이다.
동시에 나 역시 성인 남성으로서 '나는 괜찮은가' 하는 자기검열
을 끊임없이 해나갈 수밖에 없었다.

그런데 얼마 전, 나를 포함해 30대 5명이 모인 자리에 25세
청년 1명이 동석해 저녁 식사를 함께한 일이 있다. 나를 제외하
고 모두 IT 기업 종사자들이었다. 내가 83년생이었고, 81, 82,

84, 85년생이 순서대로 있는, 의도한 것은 아니지만 다섯 살 터울을 둔 30대 중반 남녀들의 모임이 되었다. HOT가 콘서트를 한다더라, 나는 이브라는 그룹을 좋아했는데 얼마 전 20주년 콘서트를 했다, 2002년 월드컵 이후에 태어난 아이들이 이제 고등학생이 되었더라, 하는 그 세대가 자연스럽게 나눌 법한 이야기를 나누었다. 25세의 청년은 어딜 가든 자신이 막내라면서 그 분위기에 적응해 자신의 이야기를 해나갔다.

그런데 그는 "저희 세대는 HOT라든가 이브라든가 이렇게 하나로 묶일 만한 추억이 없어요. 10년 이상 가는 그룹들도 이제는 없고 교체 시기가 빨라졌으니까요" 하고 말했다. 자신들은 이제 5년 이내로 세대가 나뉘는 것 같다는 것이었다. '우리'는 "우리도 20대에는 묶일 게 없다고 생각했는데 서른이 넘으니 그런 게 생기더라"고 답했는데, 무언가 서로의 벽이 생각보다 높다는 기분이 들고 말았다.

82년생 남성이 자신은 이제 '단톡방'에서 웬만하면 조용히 있는다고 하니 20대도 그게 편하지 않겠느냐고 했고, 거기에 80년대생 모두가 동의했다. 30대들은 이제 20대와 세대를 구분하고 청년이라는 단어와 작별할 준비를 하고 있었다. '나이는 숫자에 불과하다'는 광고카피나 '욜로아재', '아재파탈'과 같은 신조어들이 얼마나 그 대상을 더욱 초라하게 만드는가, 나이 들고 싶지 않은 마음이야 누구나 같겠지만 그 생체 권력을 내려놓으려 하지 않는 모습이 얼마나 아름답지 않은가, 하는 것을 선배들의 사례를 통해 이미 보아온 것이다. 적어도 청년 이후를 준비해야 한다는 감각이 일반적이었다. 물론 그것이 어떻게 변질될지는 잘 모르겠다. 누구에게나 젊어 보이고 싶은 욕구는 있지만 그 발현은 세대에 따라 다를 테고, 그 이후의 세대에게는 별로 좋은 인상을 남기지 못할 것이다.

청년은 30대들의 대화에 그럭저럭 자신의 포지션을 갖고 잘 참여했고, 어쩌면 대화에서 가장 많은 지분을 챙겨가고 있기도 했다. 그러던 그는 "그냥 생각 안 하고 말씀하시는 게 더 좋아요" 하고 말했다. 그래서 모두가 그 청년을 바라보았다. 그 세대가 선배 세대에게 가장 많이 요구하는 것이 "생각 좀 하고 말하세요"인 줄 알았는데, 이 25세 청년은 그냥 생각 없이 말하라고 주문하고 있었다. 그 의미에 대해서 묻자 "생각하고 말하려는 티를 내고 있으면 그게 더 불편해요, 그냥 말씀하세요" 하고 답했다. 정말이지 어려운 말이어서 모두의 말문이 막히고 말았다.

어느새 대화의 주도권은 청년에게 모두 넘어가 있었다. 30대들은 '그래서 우리는 이제 어떻게 해야 하나요' 하는 눈으로 그를 바라보았고, 그는 그냥 빙긋빙긋 웃을 뿐이었다. 무언가 얄미우면서도 그와 우리 사이에 벽이 아닌 커다란 강이 흐르고 있는, 그런 분위기가 되었다. 동시에 고작 30대부터 이렇게 고민하게 된다면, 40대나 50대가 되고 나면 얼마나 더 답을 내리기 힘들 것인가 싶어 벌써부터 답답했다. 어른이 된다는 건 정말로 어렵고 피곤한 일이다.

사실 아재라는 단어 이전에도 아재는 있었고 꼰대의 역사 역시 아주 오래된 것이다. "요즘 젊은이들은……요즘 어르신들은……" 하는 서사는 어느 시대를 막론하고 나타나고 지금의 시대 역시 예외는 아니다. 서른 중반이라는 그 경계에서 나는 선배 세대에 바라는 것이 있고 후배 세대에도 바라는 것이 있다.

재능 기부라는 언어 권력

나는 도서관이나 학교에서 주선한 강연 요청을 종종 받는다. 많은 작가가 그것으로 생계에 도움을 받고 있고 나도 예외는 아니다. 그에 더해 대학생이나 직장인 위주의 독서모임에도 초대를 받는다. 여기에도 대개 응하고 있지만, 이것은 생계에 직접적인 도움이 되지는 않는다.

대학생 독서모임에서는 "작가님, 저희가 꼭 뵙고 싶은데 학생이라서 다들 형편이……" 하는 말을 하고, 그러면 나는 "다들 책을 읽어오시는 걸로 충분합니다" 하고 답한다. 직장인 독서모임은 "저희가 얼마를 준비해야 할지 몰라서, 이 정도면 실례가 안 될까요" 하고 나름의 액수를 제시한다. 교통비 정도이기도 하고 놀랄 만큼 많을 때도 있다. 책을 읽어준 것이 고맙고 무엇보다도 내가 배우는 것도 많은 자리이기에 다른 일정이 없다면 시간과 비용을 들여 다녀온다. 굳이 영업 비밀 같은 이야기를 민망하게 꺼낸 것은, 얼마 전 다녀온 독서모임에서 만난 모 교수와의 만남을 정리해두고 싶어서다.

나름 규모가 있는 독서모임에서 두 차례 만남을 제안해왔다. 주최자는 모 대학의 교수라고 했다. 자신들이 구청에서 문화행사를 위한 비용을 지원 받았고 그것으로 초청 비용을 마련했다고 했다. 그런데 금액을 두고 약간의 문제가 생겼다. 많고 적음의 문제라기보다는 제시한 금액이 달라진 것 같아서 확인을 부탁했다. 그러자 모임 측에서는 나에게 "얼마 안 되는 금액이어서 죄송하지만, 재능 기부를 한다고 생각하고 와주시면 되지 않겠습니까? 와주시지요" 하고 말했다.

사실 전화로만 관련 이야기를 나누어서 명시된 근거가 남아 있는 것도 아니고 해서 나는 제안을 수락했다. 그러나 그 '재능 기부'라는 말이 자꾸 귀에 걸렸다. 그래서 그 교수에게 "저, 교수님, 재능 기부라는 표현은 안 쓰셨더라면 더 좋았겠습니다" 하고 말하는 정도로 통화를 종료했다.

독서모임은 언제나 그렇듯 무척 좋았다. 그러나 주최자인 교수는 다시 한번 나를 "재능 기부를 와주신 작가님, 고맙습니다" 하는 식으로 소개했고, 그때 나는 그 교수에게 다음과 같이 말했다. "교수님, 재능 기부라는 말은 원래는 참 좋은 말입니다. 그러나 그 말은 많이 오염되어서 성사 필요한 사람에게 가서 닿지 못하고 청년들을 값싸게 부리는 데 주로 이용됩니다." 실제로 재능기부는 누구보다도 절실하게 돈이 필요한 청년들에게 강요된다. 오히려 재능을 기부해도 될 만한 여유를 가진 기성세대는 1시간에 수백만 원씩 강연비를 받으며 여기저기를 오가는데, 청년들은 공연·전시·강연 등에 무보수로 동원되는 일이 많다.

재능 기부라는 말은 은퇴해서 연금을 받는 전직 정규직 종사자들에게나 유효한 것이지 월세를 내기도 버거운 청년들에게 가서 닿아야 할 것이 아니다. 실제로 청년들이 아주 싫어하는 말이다. 그러나 언제든 재능 기부를 할 준비가 되어 있는 기성세대에게는 그러한 청년세대의 아픔이 잘 감지되지 않는 모양이다. 그 표현이 청년세대에게서 기성세대에게로, 혹은 기성세대에게서 기성세대에게로 전달된다면, 얼마든지 사용되어도 좋겠다. 물론 여기에서 말하는 '기성세대'란 어느 정도 부를 쌓고 연금 등 안정적인 수입을 올리는 이들을 대상으로 한다.

사실 '봉사'라는 단어도 그렇다. 예컨대 대한민국의 학교들은 교통지도, 급식지도, 환경지도 등 여러 봉사로 유지된다. 모두 학부모들의 손이 필요한 일이다. 학교 인근의 횡단보도에서 깃발을 들어 올리는 봉사를 하는 '녹색어머니회'라는 것은 아직도 학부모들이 순번을 정해두고 돌아가면서 하고 있는 모양이다. 여기에는 주로 여성 학부모가 동원된다.

그들 역시 그 시간에 맞벌이 노동이나 가사 노동 같은 것을 해야 할 텐데, 자신의 노동력을 거기에 사용한다. 아이를 볼모로 무언가 희생하는 이 행위를 봉사라고 부르는 것은 민망한 일이다. 정작 봉사에 나서도 될 만한 이들은 대개 봉사를 요구하는 편에 서서 봉사의 숭고함과 신성함을 입에 올린다.

결국 재능 기부든 봉사든 권장될 만하고 필요한 말이지만, 그것이 제대로 쓰이고 있는지, 누군가의 삶을 갉아먹는 데 이용되고 있지 않은지를 살필 필요가 있다. 어떤 표현에서든 불편함이나 위화감을 느끼는 빈도가 낮다면 그만큼 그 언어를 소유한 '언어 권력'을 가진 편에 속한다고 할 수 있다. 나를 초대한 교수도 그렇겠다. 누구나 자신의 처지에서 하나의 언어를 받아들이고 의미화하기 마련이다.

한 가지 사례를 더 들자면, 그 교수는 나의 책 어느 부분을 읽고는 "작가님이 쓴 이 '노오력'이라는 단어, 저도 젊은 시절에 노력을 참 많이 했습니다. 그게 참 필요하다고 일부러 강조해서 쓰신 것이 맞지요" 하고 물었다. 그 부분은 사실 청년세대에게 노력이라는 단어가 구조적으로 강요되고 있음을 지적하기 위한 것이었다. '노오력'이라고 일부러 길게 발음해 현 시대를 비판하는 장난도 이미 몇 년 전에 유행이 지났다.

청년세대가 왜곡된 노력의 가치를 전복시키기 위해 사용한 말을 교수를 비롯한 기성세대는 노력의 가치를 인정받기 위해 사용하는 것으로 오해하고 말았다. 내가 "저 교수님, 그 단어는 말입니다⋯⋯" 하고 정정하려고 했으나, 교수는 그 부분에 대해 답을 듣기보다는 이미 자신의 이야기를 다른 데로 확장시키기를 원했다. 그 말은 결국 전해주지 못하고 말았다.

다시 재능 기부라는 말로 돌아오자면, "재능 기부라는 표현은 사용하지 않으셨으면 합니다⋯⋯" 하는 내용의 말을 들은 교수는 나에게 "그런 생각은 해본 적이 없어요. 그런데 그게 청년들에게는 불편할 수도 있겠군요. 앞으로는 그 말을 사용하지 않아야겠습니다. 고마워요" 하고 답했다. 교수가 나에게 재능 기부라는 표현을 사용한 데는 아무래도 선의가 바탕이 되었을 것이다. 다음 세대인 나의 말에 귀를 기울이고 수용해주었다는 자체로 교수는 멋지고 존경받을 만한 사람이다. 교수가 정말로 나를 닮은 청년에게 다시 그 표현을 쓰지 않게 된다면 좋겠다. 그 교수에게 후배 세대로서 깊은 감사를 전한다.

"더치페이하는 게 편해요"

나는 기성세대를 '아재', '꼰대', '부장님' 등으로 부르며 희화화해온 이들이 가장 크게 문제 삼는 부분이 "그들은 생각하고 말하지 않는다"라는 데 있다는 것을 잘 알고 있었다. 아재개그라는 것도 사실 재미가 있고 없고의 문제보다는 거기에 무조건 웃음으로 반응해야 하는 그 위계 관계가 싫은 것이다. 특히 맥락을 고려하지 않은 언어유희 방식의 개그에 답하기도 쉬운 일이 아니다.

2001년, 대학교 예비 신입생 시절의 기억이 떠오른다. 나는 1학기 수시모집에 합격해서 고등학생이면서도 6학점을 미리 수강할 자격을 얻었다. '이해찬 1세대'로 불리는 1983년생인 나는 수시모집이라는 제도를 통해 대학생이 되었다. 반 년 가까이 빠르게 예비 신입생을 받게 된 대학들도 당황스러웠는지 그들을 위한 예비 과목을 개설했다. 교복을 입고 대학 강의실에서 정규 학점을 이수하는, 지금으로서는 상상할 수 없는 일이 잠시 있었다.

그래서 나는 '프랑스 문화의 이해'라는 과목을 수강했다. 그때 강의하던 교수는 40대 남성이었다. 그 교수의 농담이 재미가 있든 없든 수강생들은 항상 최대치로 웃을 준비가 되어 있었다. 왠지 그래야 학점이 잘 나올 것 같기도 했고 그것이 교수에 대한 예의인 것 같아서였다. 어느 날은 교수가 다음과 같은 농담을 적당한 서사를 담아 던졌다.

"내가 대학생일 때인데, 줄을 서서 채플실에 들어가는데 누가 새치기를 하는 거야, 그래서 거기 줄 서요, 하고 소리를 쳤는데 그 사람이 나를 보고 너는 뭐야 인마, 하고 소리를 치는 거야, 그래서 내가 뭐라고 했는지 알아?" 우리는 그 교수가 무슨 말을 하든 웃어주려고 이미 대기하고 있었다. 교수는 우리를 바라보며 "학노호국단이다 인마! 하고 소리쳤어, 으하하하" 하고 웃었다.

그러나 함께 웃은 학생은 거의 없었고 나도 마찬가지였는데, 학도호국단이 뭔지 아는 사람이 거의 없었기 때문이다. 교수는 "아, 혹시 너희 학도호국단을 모르니? 아, 그게 내가 대학 다닐 때까진 있었는데……거기 웃은 학생 몇 학번이에요, 아 97학번, 재수강하는구나, 학도호국단 알죠" 하고 민망한 표정을 지었다.

학생들이 조금 더 세련된 고학년이었다면 그 학도호국단이라는 단어에도 적당히 즐겁게 반응해주었을지 모르겠다. 사례가 별로 적절하지 않았던 것 같지만, 교수들을 비롯한 기성세대는 자신들에게 익숙한 언어가 타인에게 어떻게 가서 닿을지 별로 고려하지도, 별로 눈치 보는 삶을 살지도 않았다. 그러나 25세의 청년은 "생각하고 말해야 한다고 생각하고 있으면 정말로 불편해지니까, 그냥 생각하지 말고 말하세요" 하고 30대 '아재들'에게 말했다.

그는 '학도호국단이 뭔지 모르지만, 모르면 모른다고 말할 테니까 당신들은 그냥 살아온 대로 말하세요' 하고 말하는 듯했다. 그래서 내가 "그래도 말은 최대한 줄이고, 지갑은 열어야 할 나이가 되어가는 것 같아요"라고 하니까 청년은 "아니 계산을 왜 해요, 그냥 더치페이하는 게 더 편해요, 오히려 그게 더 부담돼요" 하고 반응했다. 나는 그를 '이건 또 무슨 소리인가' 하고 쳐다보았고, 그는 부연해주었다.

그러니까 그 자리의 식비를 계산한다든가 하는 행위는 오히려 부담이 된다는 것인데, 그 자체가 이미 권력의 발현이라는 것이다. 특히 계산을 하면서 그 자리의 권력을 자신이 그만큼 독점하겠다는 의미도 되고, 이후에도 자신이 그만큼의 지분을 가져가겠다는 의미가 된다. 청년은 그렇게 식비를 대신 결제하는 사람과는 다음 만남을 잡는 것이 꺼려진다고 했다. "그건 돈을 내고 어른 행세를 하려는 것이고, 돈으로 그 자리의 권력을 확인하겠다는 거잖아요."

물론 이것은 만남의 맥락에 따라 다르겠다. 그러나 나는 계산하는 행위 자체가 위계를 확인하는 일이 되고 누군가를 불편하게 할 수 있다는 생각을 해본 일은 없다. 대학원생들을 만나면 "저도 얼마 전까지 대학원생이었는걸요, 제가 계산할게요" 하고 말해왔다. 내가 얼마를 벌고 있든 과거의 나와 같은 그들보다는 더 벌고 있다는 믿음이 있어서였다. 나는 학생 시절에 그런 친구나 선배들이 참 고마웠는데, 이제는 고민을 해보게 될 것 같다.

"제발 꼰대가 되어주세요"

나를 독서모임에 초대한 교수도, 25세의 청년도, 나에게는 모두 앞과 뒤를 흐르는 강 너머에 있는 존재들이다. 그만큼 우리는 앞으로도 서로를 이해하기 힘들 것이다. 그러나 생각하고 말하면 더 불편하다는 청년의 말은 아무래도 '미리' 생각해오라는 것으로 받아들이는 것이 맞겠다. 후배들을 만난 자리에서

만 갑자기 긴장하고, 눈치를 보고, 해야 할 말과 하지 않아야 할 말을 고민하는 모습은 아무래도 어색해 보이고 그 자리의 분위기를 더욱 불편하게 만들 것이다.

조금 더 자기 자신으로서 만나면서도 서로의 품위를 지키려면 어느 한편만 '생각'해서는 안 된다. '요즘 청년세대는 또는 기성세대는, 무엇에 관심이 있고 이들의 언어는 어떠한가' 하는 고민을 미리 하고 만난다면, 그 만남은 한결 자연스러울 것이다. 어쩌면 그 강물의 면적도 조금은 줄어들겠다.

말뿐만 아니라 글도 그렇다. '휴먼노땅체', '휴먼아재체', '휴먼급식체' 같은 것들이 있다. 같은 소재로 글을 쓰더라도 그 세대에 따라 문단, 문장, 단어를 구성하고 연결하는 방식이 모두 달라서 누가 썼는지를 추측할 수 있다. 얼마 전 백종원이 〈골목식당〉이라는 TV프로그램에 출연한 뒤 식당 사장들에게 보낸 카카오톡 메시지가 화제가 된 일이 있다. 방송 이후에도 그들에게 조언과 격려를 해주는 모습이 인상적이었다. 그러나 그보다는 20대 위주의 커뮤니티에 달린 다음과 같은 댓글이 나는 더욱 인상적이었다.

"야, 그래도 백종원 아재는 쉼표 두 개씩 붙이는 건 안 하네, 훌륭하다. 근데 저 물결 표시는 진짜 아재 종특이냐 어떻게 좀 해봐라." 그들이 급식체라고 부르는 문체는 "와잇씨, 오지고지리고레리꼬 오져따리오져따 이거레알 반박불가 빼박캔트 실화인

부분 지리고요" 하는, 나도 감히 따라하기 힘든 것들이다. 굳이 이것을 배우고 활용할 필요는 없다. 다만 그렇게 서로의 사이에 큰 강이 도도히 흐르고 있다는 것을 인정하고 나면, 합의점 정도는 찾을 수 있지 않을까 싶다. 적어도 강을 절반씩 건너와서 만날 지점은 있어야 한다.

나는 청년과의 저녁 식사 자리를 마치고 페이스북 개인 계정에 "그가 '생각하고 말해야 한다고 생각하고 있으면 그게 더 불편해요, 그냥 말하세요'라고 했는데, 이 말을 어떻게 정리해야 할지 잘 모르겠다. 다음에 만나면 술 한잔 사면서, 아니 같이 더치페이하면서 물어봐야겠다. 어른이 되는 건 너무나 어려운 일이다"라는 내용의 글을 올렸다. 그러자 페이스북 친구인 그 청년이 곧 다음과 같은 댓글을 달았다.

"아, 선생님 잘못했습니다. 전 어른들께서 계산하시는 게 너무 좋습니다. 제발 꼰대가 되어주세요.ㅠㅠ" 무언가 언행일치가 되지 않는 모습 같지만, 그래도 그에게 술 한잔 사면서 어떤 어른이 되어야 할지를 물어보아야겠다. 그래야 나도 선배 세대가 "저기 민섭 씨, 물어볼 게 있는데요" 하고 자리를 마련했을 때 드릴 말씀이 있을 것 같다.

광장과
월드컵

내가 겪은 한국 현대사

1983년생인 나는 몇몇 굵직한 한국 현대사를 직접 경험했다. IMF 구제금융을 신청했을 때(1997년), 나는 중학생이었다. 저마다 가방에 작은 태극기를 붙이고 다니는 것이 유행이었다. 그러면 애국자가 된 것 같은 기분이 들었다. 영화 〈타이타닉〉을 보는 것은 매국이고 〈쉬리〉를 보는 것은 애국이던 시기였다.

미국 서브프라임 모기지 사태로 금융위기가 찾아왔을 때(2008년), 나는 대학원생이었다. 다시 IMF 외환위기가 찾아온 것처럼 전 세계가 호들갑이었지만 대학원에서는 별로 그 온도가 느껴지지 않았다. 금융위기라는 것이 인문학의 위기보다 특별해 보이지 않았던 것이다. '그런가 보다'라고 생각하는 동안 그 위기는 지나가 버렸다.

세월호가 침몰했을 때(2014년) 나는 시간강사였고, 첫아이는 세상에 나올 준비를 하고 있었다. 뱃머리가 가라앉는 모습을 지켜보는 것은 몹시 슬픈 일이었고, 그 이후 정부의 대응을 지켜보는 것은 몹시 분노의 감정을 들끓게 했다. 아직 태어나지도 않았지만, 내 아이가 저기에 있었다면 어떤 심정일지 상상하게 한 첫 사건이었다. 최순실의 국정농단으로 박근혜가 탄핵당했을 때(2017년), 나는 대학 바깥으로 나와 광장이든 어디든 갈 수 있는 몸이 되었다. 촛불을 들면서 문득 '내가 여기에 왜 나올 수 있었을까' 하고 궁금해졌다.

IMF 외환위기, 금융위기, 세월호 참사, 박근혜 탄핵 등이 내가 기억하는 큰 현대사고, 그 밖에도 조각으로 남은 것이 아주 많다. 삼풍백화점과 성수대교가 무너지던 모습이, 정주영 현대그룹 회장이 소떼와 함께 북한을 방문하던 모습이, 김대중 대통령과 김정일 국방위원장이 두 손을 맞잡던 모습이, 이명박 대통령 당선과 노무현 대통령의 죽음이, 모두 기억에 남는다. 나는 시대의 평범한 개인으로 그 크고 작은 역사에 영향을 받으며 성장해왔다. 그중 무엇이 가장 큰 영향을 미쳤느냐고 하면, 나는 주저 없이 하나를 꼽는다. "2002년 월드컵입니다. 그에 비하면 다른 것은 아무것도 아니에요."

1983년생은 2002년에 20세였다. 나이의 10단위 자리가 2로 바뀐 지 정확히 6개월이 지난 시점에, 자국에서 열린 월드컵이라는 이벤트를 맞이했다. 나는 이것만으로도 특정 세대가 모두 가지고 있을 'OO년생이라서 참 손해를 많이 보았다'라는 감정에서 상당히 자유로울 수 있었다. 대학에 들어온 03학번에게 "너희는 월드컵 때 고3이었겠구나, 그것참 슬픈 일이로구나"라고 놀릴 수 있었고, 그때 군대에 있었던 01학번과 00학번에게는 "선배는 군대에서 그것도 이등병으로 월드컵을 봤군요. 그것참……"이라고 약을 올릴 수 있었다. 그들은 "고등학생이었지만 괜찮았다", "군대에서도 재미있었다"고 말했지만, 나는 일부러 "저는 거리 응원하면서 봤는데, 술도 마셨고요……"라고 답했고, 그들은 나를 무척 얄밉게 바라보았다.

거리에서 응원을 한다니

1983년생은 20세에 자국에서 열린 월드컵이라는 국가적 이벤트를 맞이했다. 대학에 진학한 이들은 '새내기'였고, 이제 막 성인으로서 자유를 만끽하게 된 시점이었다. 그러니까, 월드컵을 즐기기에 가장 적당하고 알맞았던 것이다. 누가 그렇지 않았겠느냐마는, 나는(우리는) 무엇에든 최대치로 감격할 준비가 되어 있었다.

그간의 전적으로 미루어보면 조별 예선에서 1승이라도 하기를 바라는 게 고작이겠으나, 그때는 분위기가 달랐다. 4월 평가전에서는 잉글랜드와 1대 1로 비겼고, 5월에는 스코틀랜드에 4대 1로 승리, 프랑스에는 2대 3으로 아쉽게 졌다(프랑스와의 마지막 평가전부터 거리 응원이 소개되고 권장되기 시작했다. 신문 기사에 따르면 붉은악마 응원단을 중심으로 1만여 명이 서울 광화문 광장에 모여 거리 응원을 했다). 결과뿐 아니라 경기 내용도 정말 좋았기에 16강 이상을 기대할 만했다. 물론 그것은 히딩크라는 좋은 감독이 있었고, 무엇보다도 국가대표 선수들을 대회 1년 전부터 일찌감치 반강제적으로 합숙시킨 덕분이다. 웬만한 클럽 팀보다 손발이 맞는 팀이 되어 있었던 것이다. K리그 구단들은 그에 협조해야만 했다. 그처럼 국가가 앞장서서 월드컵에 신경을 썼고, 2002년 6월에는 그 분위기가 무척 고조되었다.

2002년 6월 4일에 열린 첫 경기에서 한국은 폴란드에 2대 0으로 승리했다. 나는 그 경기를 학교 대강당에서 보았다. 학교 응원단이 앞에서 응원가를 부르며 응원을 유도했고, 동아리 친구들과 함께 절반쯤 빈 강당의 꽤 좋은 자리에서 지켜보았다. 경기 초반에는 두어 번 폴란드가 먼저 골을 넣을 뻔했다. 그래서 다들 '아, 안 되는 건 안 되는 거구나……'라고 생각할 즈음에 황선홍이 골을 넣었다. 그때 모두 "와아" 하고 일어났고, 응원단은 준비했다는 듯 가장 인기 있는 응원가를 틀었다.

그 와중에도 황선홍이 한국 벤치로 뛰어가서 히딩크를 외면하고 박항서 코치와 포옹하는 것을 보았고, 그것은 골 장면만큼이나 기억에 남았다. 히딩크는 서운했는지 그런 황선홍의 등짝을 정말로 두어 대 세게 때리고는 자리로 돌아갔다. 유상철의 추가골로 2대 0이 되고, 우리는 모두 목이 쉬어서 각자 기숙사로 돌아갔다.

다음 날, 서울시청 앞 광장에 수만 명이 모여서 거리 응원을 했다는 뉴스가 나왔다. 처음부터 거리 응원에 나선 사람은 많지 않았고, 그것은 무척 생소한 개념이었다. 사실 그때까지 나는 거리에서 응원하는 것이 가능하다고 생각해본 적이 없었다. 서울 신촌 인근에서 어린 시절을 보낸 내게 '거리'는 항상 시위가 벌어지고 최루탄이 날아다니는 곳이었다. 어머니는 나와 함께 신촌에 갈 때면 손수건을 꼭 챙겼다. 언제 최루 연기를 맡게 될지 몰랐다.

망원동과 신촌을 이어주던 131번 버스(지금은 271번 버스)는 종종 1시간 이상 오지 않았다. 그러다가 한 번에 3대씩 몰려오면 어른들은 "대학생놈들이 공부는 안 하고 데모만 한다"고 투덜대면서 버스에 올랐다. 9세쯤 되었던 나도 '대학생놈들……'이라는 심정이 되었고, 대학생이 되면 데모를 하지 않겠다고 다짐했다.

신촌 로터리를 지나 현대백화점 시계탑이 나타나면, 나는 버스의 창문을 닫았다. 그런 버릇은 그 시기에 학생이었던 내 또래들의 몸에도 새겨졌을 것이다. 거리에는 데모하러 나선 대학생과 그들을 막기 위한 전경 말고는 없어야 한다는 것이 하나의 명

제와 같았다. 그런데 거리에서 응원을 한다니, 전경이 그 주변을 둘러싸고 최루탄을 쏘는 장면이 먼저 그려졌다.

2002년 6월 10일, 미국과의 조별 토너먼트 경기도 나는 학교 대강당에서 보았다. 먼저 한 골을 주고 안정환이 무언가 이상한 자세로 동점 헤딩골을 넣어서 1대 1로 비긴 경기였다. 당연히 이길 것으로 믿었기에 모두 크게 실망했다. 특히 노마크 찬스를 놓친 최용수에게 많은 비난이 쏟아졌다. 그것이 내가 기억하는 '독수리' 최용수의 마지막 모습이다. 그를 다시 그라운드에서 본 것은 그가 감독이 된 이후다. 인상적이었던 것은 그날은 대강당이 가득 찼고, 계단까지 빼곡히 들어서서 경기를 보았다.

다음 날, 거리 응원에 나선 사람이 전국적으로 수십만 명에 이른다는 뉴스가 나왔다. 서울시청 앞 광장에만 10만 명이 넘게 모였다는 것 같았다. 나는 이때부터 강당이 아닌 거리로 나갈 것을 고민했다.

"제가 술을 한잔 사도 될까요?"

예선 3차전이 열린 6월 14일, 포르투갈과의 경기를 보기 위해 홍대입구로 갔다. 고등학교 동창을 만나서, 정확히는 동교동 삼거리 인근의 호프집에서 경기를 보았다. 비기기만 해도 16강에 진출할 수 있다고 했다. 그런데 포르투갈 선수 1명이 일찌감치 퇴장을 당했다. 레드가드가 나왔을 때 호프집에 있던 사람들이 모두 일어나서 "와아, 빨간색! 빨간색!"이라고 외쳤다. 무언가 부끄럽지만, 옐로카드만 나와도 모두 "주심! 주심!" 하고 응원하던 때다.

박지성, 그때는 정말 앳되었던 그가 이영표의 크로스를 받아서 한 번 가슴으로 트래핑하고 오른발로 슛하는 페인트 모션을 취하더니, 왼발로 골을 넣었다. 나는 그때 박지성이 벤치로 달려가서 히딩크 감독에게 안기는 것을 보았다. 그때 무언가 히딩크에 대한 부채를 털어낸 기분이 되었다. 그는 선배 황선홍이 하지 않은 일을 잊지 않고 했고, 히딩크는 그런 그를 안아주었다. 나는 축구 선수라기보다는 한 개인으로서 박지성을 보았고, 그를 좋아하기로 마음먹었다.

경기가 끝나자 호프집 주인은 "오늘, 제가 테이블마다 생맥주 한 잔씩 쏘겠습니다!"라고 말했다. 모두 호프집 상호를 '대한민국' 4박자 응원에 맞추어 외쳐주었다. 주인이 술을 공짜로 주겠다는 제안을 하는 것은 드라마에서나 보던 것이었고, 아마 주인에게도 처음이었을 것이다. 친구와 나는 그 맥주를 빠르게 마시고 바깥으로 나왔다. 거리 응원이라는 것이 궁금했기 때문이다.

그러나 바깥은 무척 적막했다. 2002년만 해도 홍대입구는 조용한 곳이었다. 신촌과 홍대입구, 두 공간이 역전된 것은 2000년대 중반, 홍대입구에 클럽 문화가 자리 잡으면서부터다. 친구와 나는 거리 응원이라는 게 언론에서 과장 보도한 것인가

보다고 이야기를 나누다가 신촌까지 걸어가보기로 했다. 그리고 작은 언덕을 넘어 신촌 현대백화점이 보이면서부터 설레기 시작했다. 거리에 정말로 사람들이 있었다.

현대백화점에서 연세대학교로 가는 길로 들어서자, 도로가 사람들로 가득 차 있었다. 최루탄 대신 폭죽이 터졌고, 태극기를 든 사람들이 뛰어다녔다. 이래도 되나 생각하며 친구와 나는 거기에 합류했다. 연세대학교 정문, 독수리빌딩까지 걸어가자 누군가가 "호외요!"라면서 2면짜리 신문을 뿌렸다. 『문화일보』였던 것으로 기억한다.

소설 속에서만 보던 호외를 보고 나니, 정말 역사적인 순간이구나 싶었다. 길 여기저기에 떨어져 있어서 누구나 주워서 읽을 수 있었다. 아마도 미리 준비해둔 기사일 것이다. 그때 연세대학교 앞에는 무척 유명한 치킨집이 있었다. 치킨집 주인이 드럼통 비슷한 것에 치킨을 잔뜩 가지고 나오더니 정말로 그것을 나누어주었다. 아예 뿌렸다고 하는 게 맞겠는데, 나와 친구는 근처에서 "와" 하고 달려갔지만, 치킨을 잡는 데는 실패했다. 그런 말도 안 되는 축제가, 불과 5년 전까지 전경과 대학생이 대치하던 연세대학교 앞 도로에서 벌어졌다.

그때 친구와 내 앞에, 어떤 30대 청년이 나타났다. 그는 우리에게 "제가 술을 한잔 사도 될까요?"라고 물었다. 손해 볼 것도 없는 일이어서 "아, 네 ⋯⋯"라고 수긍하자, 그는 근처의 술집으로 우리를 이끌었다. 그러나 어디에도 자리가 없어 근처 편의점에서 맥주와 마른안주를 사서 호외를 돗자리 삼아 되는대로 거리에 앉았다. 그는 자신이 히딩크 감독의 통역이라고 했다. 우리가 "네?" 하고 묻자, 그날 인천에서 포르투갈과의 경기가 끝나고, 거리 응원 분위기가 궁금해서 바로 신촌으로 넘어왔다고 했다.

2002년의 신촌은 그만한 위상이 있는 곳이었다. 인천에서 가장 가까운 서울의 번화가이기도 했지만, 서울 서북쪽의 젊음을 빨아들이는 거의 유일한 공간이었다. 그가 히딩크 감독의 통역이라는 것을 그대로 믿을 수는 없었다. 그래서 절반만 믿으면서 그의 장단을 맞추어주었다.

그는 허정무가 다음 대표팀 감독이 될 것이라고 했다. 히딩크는 이번 월드컵이 끝나고 축구협회의 견제 때문에라도 금방 그만둘 것이고, 무척 사이가 좋지 않아 벼르고 있다는 것이었다. 그와는 맥주를 한 캔씩 마시고 곧 헤어졌고, 2006년 월드컵 국가대표 감독으로 허정무가 선임되었다는 소식을 듣고 잠시 그를 떠올렸다.

500만 명이 모이다

6월 18일, 이탈리아와의 16강전은 학교 대강당에서 보았다. 신촌으로 가고 싶었지만, 다음 날 1교시에 문학 입문 기말시험이 있었다. 대강당은 일찌감치 줄을 서야 할 만큼 성황이었다. 아직 기말시험이 남아 있었지만, 모두 줄을 서서 경기를 지켜보았다. 경기 초반, 안정환이 페널티킥을 얻었을 때, 모두가 "심판! 심판!" 하고 모레노 주심을 응원했다. 하지만 킥이 실패하자 한동안 '갑분싸(갑자기 분위기가 싸해짐)'가 되었다.

전반에 비에리의 골로 이탈리아가 1대 0으로 앞서기 시작했고, '아, 여기까지인가……' 하고 포기할 즈음에 설기현이 동점골을 넣었다. 그리고 연장전에서 안정환이 다시 한번 이상한 자세의 헤딩으로 결승골을 넣었다. 다음 날 학교 게시판에 "대강당 의자가 100개 넘게 부러졌다고 합니다. 그런데 학교에서 문제 삼지 않기로 했다고 합니다"라는 글이 정말로 등록되었다.

경기가 끝나자 01학번 선배가 "민섭아, 우리가 이탈리아를 이겼어, 이게 말이 돼?"라면서 울기 시작했다. 나는 눈물이 나지 않았지만 선배를 위로하며 학교 밖으로 나갔다. 모두가 새벽까지 술을 마셨다. 다음 날 문학 입문 기말시험을 보러 갔는데, 100명 중 50여 명만 나왔다. 시험지만 제출해도 B학점을 보장받는 것이었다. 여러 대학의 기말고사장에서 비슷한 일이 벌어졌을 것 같다. 나도 그 시험에서 좋은 점수를 받았다. 재수강이라던 01학번 선배는 시험장에 오지 않았고 삼수강을 했다고 들었다. 신문사들은 온라인 기사에 이때부터 거리 응원을 한 사람의 수가 100만 명을 넘어갔다고 적기 시작한 것 같다.

6월 22일, 스페인과의 경기는 오후 3시 30분에 시작되었다.

이전 경기가 거의 오후 8시 30분에 시작되었던 것에 비추어보면 너무 일렀다. 그것이 몹시 아쉬웠다. 경기가 끝나도 6월의 거리는 아직 환할 것이고, 그러면 거리 응원을 제대로 할 수 없을 것 같았다. 어느새 한국의 승패보다 중요한 것은 거리 응원이 되어 있었다.

거의 모든 대학의 기말시험이 끝난 때였다. 나는 가장 친한 친구들과 함께 신촌의 호프집에 있었다. 0대 0으로 경기가 끝나고 연장전으로 돌입했을 때 조금씩 날이 어두워지기 시작했다. 그래야 더 신나게 놀 수 있을 것 같아서 한국의 승리만큼이나 그것이 좋았다. 3대 3이 된 승부차기에서, 스페인 키커 호아킨이 잠시 주춤거렸고 이운재가 그의 슛을 막았다. 그날 한국은 월드컵 4강에 진출했다.

아직 해가 그럭저럭 남은 신촌 거리로 나오자, 인도도 차도도 사람으로 가득 차 있었다. 모두 쏟아져나오던 참이었다. 누군가가 우리에게 다가와 "같이 응원해요"라고 말했다. 우리와 닮은 20대 초반의 무리였고, 우리는 그들과 어울려서 두어 번 응원가를 부르고 헤어졌다. 그리고 금방 또 비슷한 요청이 왔다. 해가 질 때까지 모두가 행복했다. 그날 온라인 뉴스에는 "전국적으로 400만 명에 이르는 거리 응원 인파가 쏟아져나왔다"는 기사가 나왔다.

나는 이것을 기억하고 있는데, 아무리 월드컵이라고 해도 전

국민의 10분의 1이 나올 수는 없는 일이고, 경기를 거듭하는 동안 그 수가 몇 배씩 증가하는 것이 잘 믿기지 않았기 때문이기도 하다. 특히 언론사마다 경쟁적으로 그 숫자를 보도했지만 무엇을 기준으로 했는지는 몰라도 저마다 달랐다. 경기가 시작되기 전부터 그 숫자를 집계하기도 했고 인터넷으로만 발행되는 기사들은 '뻥튀기'가 유독 심했다. 그래도 아무려면 어떠냐며 그 축제를 즐겼다. 나는 2002년 이후 경찰 추산이든 주최 측 추산이든 서울시청 앞 광장에 1만 명, 5만 명이 모였다는 수치를 들으면 '이상하다, 2002년 월드컵만큼은 모인 것 같은데 그때는 0이 한두 개는 더 붙었잖아, 그건 누구의 추산인 건가'라고 생각했다.

스페인을 이긴 한국은 4강에서 독일에 0대 1로 졌고, 터키와의 3~4위전에서도 2대 3으로 졌다. 독일에 진 것은 몹시 아쉬웠지만 터키에 진 것이야 아무래도 괜찮았다. 'Pride of ASIA'라거나 '꿈은 이루어진다'라는 카드섹션을 하던 붉은 악마는 'LOVE CU@K리그'라는 문구와 한국과 터키 국기를 함께 내걸 만큼의 여유를 보여주었다. 아무도 경기 시작 11초 만에 골을 허용한 홍명보의 수비 실수를 비난하지 않았다. 월드컵이 끝나고, 모두가 일상으로 돌아갔다. 축제가 끝난 것이다.

몸에 새겨진 역사

2002년 월드컵은 무엇이었을지 돌이켜보니, 그것은 내 몸을 근본적으로 변화시켰다. 그 이전까지 내게 '모인다'는 행위는 국가 주도로만 가능한 것이었다. 그마저도 정해진 공간에 규율을 지키며 이루어져야 했다. 예컨대, 전국의 초등학교와 중고등학교에서 월요일 아침이면 '애국 조회'가 열렸고, 전교생은 운동장에 모여서 부동자세로 교장의 훈화를 들었다. 그러는 동안 꼭 1~2명이 빈혈로 쓰러져서 실려나갔지만, 그들을 걱정하는 목소리는 들려오지 않았다. 동원된 개인은 자발적으로 이탈할 수 없고, 신체가 철저하게 관리되고 통제된다. 스포츠 경기를 관람하더라도 〈애국가〉를 제창하는 것으로 시작해 티켓에 적힌 좌석과 구역을 벗어날 수 없었다.

2002년 거리 응원은 그래서 몹시 생소했다. 물론 월드컵이라는 국가 주도의 행사였고 장소 역시 암묵적으로 지정·제한되어 있었지만 그만한 일탈을 경험해보기는 처음이었다. 특히 '한총련 사태' 이후 대학생 조직체가 와해되고, 신촌에는 한동안 대학생도 전경도 존재하지 않았다. 누구도 굳이 모일 이유가 없었던 것 같다. 참 조용한 시기였다고 나는 기억한다. 그러나 고작 축구 경기를 함께 보겠다고 이처럼 태극기를 들고 모여도 괜찮은 것이었다. 태극기를 들고 신촌 거리를 뛰어다니면서 나는 그동안 이 거리에 나오는 것이 왜 그렇게 힘들었는지 생각했다. 처음으로 거리의 주인이 된 것 같았고, 다시 일상으로 돌아간 이후에도 그 감각은 그대로 남아 있었다.

'모여도 된다'는 것을 배웠고, 계속된 승리로 '모이면 바꿀 수 있다'는 것을 알았다. 2004년과 2017년에 촛불을 들고 거리로 나갈 수 있었던 것은 월드컵의 경험 때문이다. 나는 2004년에 학회장이었는데, 후배들을 독려해서 함께 거리로 나갔고, 2017년에는 누가 뭐라고 할 것 없이 스스로 독려해서 거리로 나갔다. 거기에는 나를 닮은 사람이 아주 많이 있었다. 2002년의 경험이 없었다면 나는 아마 조금 더 고민했을 것이다.

2002년 이전까지 대한민국이라는 국가는 IMF에서 제대로 벗어나지 못했다. 물론 2001년에 차입금을 전액 상환했다고 하지만, 중고등학생 시절의 나는 국가의 패배와 그에 따른 가난을 몸에 새기며 자랐다. 박찬호의 메이저리그 1승과 박세리의 LPGA 투어 우승 소식이 거의 유일한 기쁨이었던 때다. 그러나 2002년의 거리에서는 이상하게도 이탈리아에 1 대 0으로 지고 있던 때도, 스페인과 승부차기를 할 때도, 질 것 같다는 기분이 별로 들지 않았다. 그 감각은 이후 내게 소중한 자산이 되었다. 축구든 무엇이든, 국가로서든 개인으로서든, 즐겁게 경쟁해나갈 수 있을 것 같다는 자신감과 자존감이 생긴 것이다.

우리가 모두 연결되어 있다는 자각, 모이면 무언가 해낼 수 있다는 믿음, 무엇과도 경쟁할 수 있겠다는 자존감, 그러한 감각들이 2002년 6월 이후의 나를 변화시켰다. 모든 개인에게는 그러한 역사가 있을 것이다. 386세대에게는 '민주화항쟁'이겠고 20대 초반 청년들에게는 '세월호'라고 하는 것 같다. 저마다 젊은 날에 경험한 역사는 그 이후의 역사와 긴밀하게 연동되고, 세대의 특징을 결정짓는다. 특히 누군가에게는 별 의미 없는 사건들이 특정 세대에게는 개인과 시대의 역사로 남는다는 점을 기억해야 한다. 한국 현대사에서 2002년 월드컵보다 중요한 사건은 계속 일어날 것이고, 청년들이 어떠한 역사를 경험하게 될 것인지는 우리의 몫이겠다.

살아보니
돈은
별로 중요한 게
아니더라

카페에서 글을 쓰면서 대리운전 어플리케이션을 활성화시켜둔다. 근처에서 콜이 나오면 대리운전을 하고, 그 지역의 24시 카페 같은 곳을 찾아 다시 글을 쓴다. 매번 그러는 것은 아니고 마감이 바쁘면 꺼두기도 한다. 그래도 그런 식으로 옮겨다니다 보면 커피값은 나오고 현금을 구경할 일도 생기고 하는 것이다. 며칠 전에는 써야 할 글이 많아서 정신이 없었는데 무언가 거부할 수 없을 만한 콜이 나왔다. 출발지가 가깝고 목적지도 번화가이고 무엇보다도 단가가 좋았다. 그래서 노트북을 덮고 일어났다.

중년의 남녀는 뒷좌석에 앉아 있었다. 무척 좋은 차여서 오후 10시의 올림픽대로를 빠른 속도로 달렸다. 그러던 중, 여성이 남성에게 "내가 살아보니까 돈은 별로 중요한 게 아니더라" 하고 말했다. 그때까지 조곤조곤 말을 주고받던 그들은 그 이후로 한동안 침묵했다. 남성은 아무래도 동의하지 않는 듯했다. 그 말은 어디에 가서 닿지 못하고 차의 여기저기를 맴돌다가 사라져버렸다. 내가 뭐라고 답할 처지는 아니었지만 민망했다.

그가 나에게 그 말을 건넸다면, 나는 아마 "네, 그럼요 선생님, 맞는 말씀입니다" 하고 답했을 것이다. 대리운전을 하는 동안에는 대답(경청), 동의(동조), 칭찬(치사)만을 주로 하게 된다. 굳이 손님의 심기를 거슬러서 좋을 것이 없다. 그렇게까지 할 필요가 있나 싶기도 하지만, 사실 직장에서든 어디에서든 흔한 모습이다. 매일 보는 직장 상사에게도 하는 말을 잠시 만난 차의 주인에게 하지 않을 이유도 없다. 물론 손님이 진심으로 나를 대한다면 나도 그에 따라 한 개인으로서 발화하게 되지만 그런 일이 자주 있는 것은 아니다. 그러나 그와 내가 서로 통제하고 검열할 것 없는 공간에서 만났다면, 나는 그의 말을 받아 다음과 같이 답했을 것이다. "아뇨, 돈보다 중요한 것이 많긴 하지만 그렇다고 해서 별로 중요하지 않다고는 말 못하겠습니다."

나는 중년인 그만큼 오래 살아보지는 못했고 그처럼 좋은 차를 가지고 있는 것도 아니지만, 살아보니 돈은 아주 중요한 것이다. 숨을 쉬고 살아가는 데도 필요하고 조금 더 행복하고 싶은 여러 순간마다 간절해진다. 내가 그 밤에 타인의 차를 운전하는 것도 어떻게 포장하더라도 결국 돈 때문이다. 그들의 집까지 운전하고, 나는 주변의 24시간 카페로 갔다. 가장 저렴한 아메리카노 한 잔을 주문하고 다시 노트북을 열었다.

며칠 후 나는 페이스북에서 20대 청년이 남긴 글을 보고, 다시 "돈 그거 별 거 아니더라" 하는 말을 떠올렸다. '조각난 언어들'이라는 문학 관련 영상 콘텐츠를 만드는 김현우는 다음과 같은 개인적인 글을 썼다.

"조각난 언어들 예루살렘 에피소드가 역대급으로 잘 나가서 기분이 좋다.……다만 매주 저런 거 한 편씩 만들라 하면 절대 못해……. 차라리 누가 돈 수천 단위로 꽂아주고 현지 코디네이터 붙여줘서 한 달 체류하며 팔레스타인 문학 다큐 찍어오라면 하지……."

러시아문학 전공자인 그는 141개의 문학 콘텐츠를 만들어서 유튜브에 올렸다. 외국의 최신 문학비평을 원서로 직접 읽고, 공부하고, 번역하는 것은 그가 가진 능력이고, 그것을 "남아공을 뒤흔든 93년생 페미니스트 시인", "지금 러시아에서 가장 핫한 젊은 소설가 중 한 명을 소개합니다!"라고 가공해내는 것은 그의 세대가 가진 감각이겠다. 나는 그의 글에 다음과 같이 화답했다.

"나는 그가 원하는 금액의 1/1000 정도를 펀딩할 수 있겠다. 누가 저 '시건방진' 청년에게 은행계좌를 물어보고 원하는 만큼의 돈을 채워주고 '팔레스타인에 가서 살 놀다가 와' 하고 쿨하게 말해주면 좋겠다."

김현우는 "혹시 선생님 주변에 처치곤란인 수천만 원이 있는 분이 계실지 모르니, 제가 꼭 해보고 싶은 로케 촬영에 대해 말씀드릴게요" 하고 긴 댓글을 남겼다. 유쾌하면서 동시에 간절한 것이었다. '문학이란 인간의 목소리를 전하는 것'이라고 믿는 그는 이제 '예멘 난민 문제'에 관심이 있다고 한다. 제주 예멘 난민들을 인터뷰하고 그들의 수기를 제작해서, 당사자의 목소리가 사회적으로 전파될 기회를 마련하고 싶다고 한다. 난민이라는 단어에서 목소리를 떠올리기란 쉽지 않다. 그들을 언어조차 잃은(버려야) 할 존재로 쉽게 상상하기 때문이다. 그가 '예멘 난민 작가의 자기 경험에 기반한 서사'라고 해서, 나는 그건 정말로 문학이겠구나, 하고 생각했다.

"돈은 별로 중요한 게 아니더라"고 말했던 '그'에게 그 중요한 '별것'이 무엇인지 묻고 싶다. 그가 김현우와 같은 이들에게 투자해주면 좋겠다. 엔젤투자라면서 언젠가 수십 배가 되어 돌아올 복권을 사는 것이 아니라, 자신의 말을 증명하기 위해 주변을 둘러봐주면 좋겠다. 그게 자산가들의 사회적 의무는 아니겠지만, 그런 멋진 말을 하려면 그만한 책임을 져야 하는 법이다. 김현우와 그를 닮은 청년들이, 누군가에게 처치곤란인 돈을 충분히 투자받고 기뻐하는 모습을 보고 싶다. 나도 예멘 난민 작가의 글이 궁금하다.

제3장 연대하는 사회

느슨함과 긴밀함의 경계에서

분노의 글쓰기,
증오의 글쓰기

증오사회를 고찰하다

2016년부터 몇몇 지면에 칼럼을 연재하고 있다. 그러다 보니 전에 없이 평론가, 작가, 칼럼니스트 등의 직함을 가진 이들의 글을 많이 찾아 읽는다. 처음에는 남들은 어떻게 쓰고 있는지가 궁금해서였고 지금은 좋아하는 필자들이 생겼다(나는 '사회문화평론가'라는 무언가 거창하고 민망한 직함을 갖고 있는데, 어느 선생님의 조언에 따른 것이다. 그게 무슨 일을 하는 사람인지도 모르겠고 별로 그런 글을 기고해온 것 같지 않아서 기회를 보아 정정하려고 한다).

그런데 어느 필자들의 글은 몇 번 읽고는 다시 찾아 읽지 않게 되었다. 단순히 그의 글을 멀리할 뿐만 아니라 온라인 기사에 썸네일로 나온 그의 얼굴 사진만 보아도 무언가 불쾌해진다. 그중에는 베스트셀러 작가도 있고 사석에서 만났던 이들도 있다. 사실 그들이 주장하는 내용이 나와 그다지 다르지도 않다. 다만 그 글을 읽는 내내 마음이 몹시 불편한 것이다.

사실 칼럼이라는 글은 현실 문제를 진단하기에 누군가에게 불편함을 줄 수밖에 없다. 이 사회에서는 분노할 수밖에 없을 만한 문제들이 언제나 일어난다. 예컨대 조울증 환자가 누군가를 살해했다거나, 건물주가 세입자를 내쫓았다거나, 청년 노동자가 가혹한 환경에서 일하다가 사망했다거나 하는 것들이다. 글을 쓴다는 것은 타인의 '분노'를 이용하는 일이기도 하다. 때로는 그 감정을 부추기는 것이 아무래도 가장 편한 방식의 글쓰기가 된다.

독자들에게 비난하고 혐오할 대상을 정해주고 필자가 나서서 온갖 분노의 감정을 쏟아내는 것은 무척 쉽다. 언론사는 그러한 글을 전략적으로 상단에 배치하고 자사의 SNS를 이용해 바이럴을 일으켜 노출한다. 여러 사람이 댓글을 달고, 공유를 하고, 속된 말로 열심히 '퍼다 나른'다. 내가 잘 읽지 않는 필자들의 글은 그렇게 사회적인 관심을 받는 일이 조금 더 많다. 그들은 분노해서 글을 쓰고 사람들에게 함께 분노하기를 요청한다. 그러나 그들의 글을 읽고 나면 분노보다는 다른 감정이 조금 더 커진다. 바로 '증오'와 '혐오'인데, 이것은 분노와 닮아 있지만 그 결이 다르고, 무엇보다도 사회에 미치는 영향이 크게 다르다.

최근 한국 사회는 정지우가 지적했듯 '분노사회'이면서, 동시에 그 사회를 넘어 '증오사회'로 나아가고 있는 듯하다. 이것은 개인과 사회 그 어디에도 그다지 도움이 되지 않는다. 세대, 성별, 지역 등 여러 관계에서 갈등을 심화시키고, 필연적으로 단절, 폐쇄, 고립 등의 문제를 불러온다. 그렇다면 분노와 증오의 글쓰기가 서로 어떻게 다르게 나타나는지를 몇 가지 사례를 통해 살펴보자. 그리고 우리가 지향해야 할 글쓰기에 대해 고민해보자.

분노인가, 증오인가?

카카오에서는 카카오톡 이용자를 대상으로 '내가 뽑는 2018 연말결산' 투표를 진행했다. 87만 4,481명이 참여한 이 투표에서 '나를 가장 화나게 한 뉴스' 1위로는 '강서구 PC방 살인사건'(득표율 45퍼센트)이 올랐다. 2018년 10월 14일, 서울 강서구의 PC방에서 아르바이트생이 흉기에 수십 차례 찔려 살해당하는 일이 벌어졌다.

현장에서 붙잡힌 피의자는 경찰에 우울증 진단서를 제출해 심신미약 감경을 시도했고, 이것이 많은 이를 더욱 분노케 만들었다. 청와대 국민청원 게시판에 올라온 '강서구 PC방 살인사건. 또 심신미약 피의자입니다'라는 제목의 청원에는 한 달 만에 118만 명 이상이 동의했다. 국민청원 게시판이 생긴 이래 최고치였다고 한다. 그만큼 전 국민저 공분을 일으킨 사건이었다.

이러한 분노는 피해자의 담당의였던 남궁인의 글로 더욱 확산되었다. 남궁인은 의사이자 작가로도 널리 알려져 있다.『만약은 없다』(문학동네, 2016),『지독한 하루』(문학동네, 2017) 등을 펴낸 베스트셀러 저자이기도 하다. 그는 응급의학과 의사로 활동하면서 자신이 경험한 것을 글로 써왔는데, 피해자가 이송된 병원이 그가 근무하는 강서구의 어느 병원이었다. 세상에는 종종 말로 설명할 수 없는 우연들이 일어나는데, 그날, 그 병원에, 그가 담당의로 있었던 것 역시 그렇다.

피해자가 사망한 이후 그는 자신의 페이스북에 "나는 강서구 PC방 피해자의 담당의였다"로 시작하는 한 편의 글을 올린다. 원고지 30매에 이르는 긴 글이었다. 여기에서 그는 피해자가 응급실에 실려왔을 때의 모습과 그를 살리기 위해 의료진이 했던 노력과 인간의 본성에 대한 성찰 등을 다루었다.

이 글은 며칠 만에 22만 명에게 '좋아요'를 받았고, 12만 개의 댓글을, 3만 4,000개의 공유를 얻었다. 내가 페이스북을 하면서 본 모든 글을 통틀어 가장 많이 확산된 것이었다. 구독자 수십만 명의 페이지에서 수천만 원의 광고비를 집행해도 하지 못할 바이럴이, 한 이용자의 개인 계정에서 불과 며칠 사이에 일어났다.

그런데 문제는 그 역시 분노한 상태였고 이를 대하는 대중들 역시 몹시 분노한 상태였다는 데 있었다. 응급실의 장면 묘사가 필요 이상으로 적나라했다는 지적이 일었다. 피해자가 들어오던 순간과 그의 상태를 서술한 장면들을 그는 있는 그대로 담아냈다. 물론 스스로 경계하고 검열하며 덜어낸 부분들이 있었겠으나, 현장을 겪어보지 못한 일반인이 느끼기에는 충격적일 수밖에 없었다. '눈물을 참기가 어려웠다', '무서워서 손을 가리고 읽었다'는 내용의 댓글이 많았다.

기자들은 그의 글을 다시 있는 그대로 옮겨 적었다. 주로 자극적인 부분들을 가져가 노출하는 방식이었다. 당시 여러 매체가 뽑은 제목을 몇 가지 살펴보면 다음과 같다. 「남궁인 '강서구 PC방 살인사건' 담당의 "모든 의료진이 욕설 뱉어"」(『이데일리』), 「남궁인 "강서구 PC방 살인사건', 내가 담당의였다…미친 XX라고 생각"」(『싱글리스트』), 「강서구 PC방 살인사건 CCTV 본 담당의 남궁인 분노 "얼굴 칼자국만 30개…참혹하다"」(『서울경제』), 「강서구 PC방 살인사건 담당의 심경 토로 "끓어오르는 분노 혼자 참았다"」(『브릿지경제』), 「PC방 살인 담당의 남궁인이 밝힌 피해자 상태…"양쪽 귀가 다 길게 뚫려…"」(『금강일보』).

대한민국의 모든 언론이 이 사건을 기사화했고, 유력 언론이나 인터넷 언론이나 할 것 없이 자신들에게 허락된 선에서 가장 자극적으로 이 사건을 다루었다. 누가 더 자극적인 제목을 뽑는지를 경쟁하는 것처럼도 보였다. 이러한 과정을 통해, 분노는 한 인간에 대한 증오와 혐오가 되어 확산되었다.

남궁인의 글이 재생산되는 동안, 그에 대한 비판도 잇따랐다. 직업윤리에 어긋난다거나 고인을 모독한 행동이라는 지적이 있었다. 그중 정지우의 글은 가장 주목할 만한 것이었다. 그는 남궁인의 글이 공론화의 지점이 없었던 것을 문제 삼으면서 "결국 그는 자기가 겪은 경험의 절망스러움, 인간의 잔인함, 개인적인 분노에 대해 이야기하고 싶었던 것 같다. 그렇게 보면, 이는 공론화의 글쓰기라기보다는 지극히 사적이고 문학적인 글쓰기가 아니었나 한다"고 분석했다. 정지우는 『분노사회』의 저자답게, 이 사건을 두고 (내가 본 바로는 누구보다도 빠르게) 개인의 분노와 사회의 분노를 연결시키는 데로 자신의 사유를 옮겨나갔다.

정지우의 글은 몹시 중요한 지점을 상기시켜주는데, 다시 해석해보면 다음과 같다. 개인의 분노는 글쓰기로 전이될 때 무척 큰 힘을 가진다. 고백 또는 고발이라고 할 수 있는 그 글은, 독자들에게 쉽게 그 분노를 전염시키기 때문이다. 그 파급력은 엄청나서 곧 이 사회를 변화시킬 수 있을 것처럼 보이기도 한다. 그러나 그것이 공론화에 이르지 못하고 개인의 분노에 머물게 된다면, 그 분노는 사회적 의미를 획득하지 못한다. 그 대신 증오로 발전하고, 개인들에게 단절·폐쇄·고립 등의 근거를 제공하게 된다.

남궁인의 글은 개인의 분노로 시작한 것이었지만, 그것을 사회적 분노로 이어가는 데는 성공적이지 못했다. 대신 페이스북과 기사화라는 확산 과정에서 개인을 향한 증오로 변질되었다. 물론 그가 그것을 의도했던 것은 아니다. 그 역시 오랫동안 글을 쓰며 개인과 사회의 문제를 다루어온 작가다. 그래서 그도 결론부에 "사회적으로 재발이 방지되기를 누구보다도 강력히 바란다. 그래서 이 언급이 다시금 그 불씨나 도화선이 되기를 바란다"고 썼다.

그러나 동시에 인간의 본성에 천착하면서 "어떤 이가 지닌 인간의 본성은 최악이다. 그것들이 전부 우리가 조종할 수 없는 타인의 인격이라는 한도 내에서 우리는 영원히 안전할 수 없다. 나는 그렇게 느꼈다. 그것은 다시 어딘가에 있는 누구일 수 있다. 우리가 어떤 노력을 할지라도 이 사실을 바꾸는 것은 절망적으로 불가능하다"고 적었고, 이것은 그 피의자를 절대 용서해서는 안 될 뿐만 아니라 나아가 심신미약 등 정신병을 앓고 있는 이들을 사회와 격리해야 한다는 여론으로 확산되기에 이르렀다.

남궁인은 그동안 현장에서 수많은 살인사건의 피해자와 만났을 것이다. 그가 "어떤 이가 지닌 인간의 본성은 최악이다"라고 하는 것은 자신의 경험에 따른 결론이고, 나로서는 그것을 존중하지 않을 수 없다. 그뿐만 아니라 응급실 의사들을 비롯해 그러한 이들을 목도하며 살아가야 하는 이들이 많이 고단하고 힘겨웠을 것이라 생각한다. 나는 그들에게 "인간의 본성은 선합니다"라고 말할 용기가 없다.

숭고한 애도

2018년의 마지막 날에, 다시 모든 국민의 분노를 불러온 사건이 일어났다. 젊은 의사가 자신의 진료실에서 환자가 휘두른 칼에 살해당한 것이다. 그는 정신의학과 의사였고, 피의자는 정신질환을 앓고 있었다. 그가 다른 의료진을 구하기 위해 제대로 피신하지 못했다는 정황이 드러나면서, 대한간호협회에서 "간호사를 구하다 유명을 달리한 고故 임세원 교수의 동료애에 깊은 존경의 마음을 표하며 유가족에게 애틋한 애도의 말씀을 드린다"고 애도의 뜻을 표하기도 했다.

주변 사람들은 모두 그가 얼마나 훌륭한 의사였는지 입을 모아 말하고 있다. 이 사건은 충분히 다시 한번 온 사회를 분노에 빠뜨리고 동시에 한 개인과 정신질환을 앓는 집단에 대한 증오를 불러일으킬 만한 것이었다. 그러나 이번에는 그렇게 되지 않았다.

유가족은 피의자에 대한 처벌을 요구하는 대신 다음과 같은 뜻을 밝혔다. "의료진의 안전과 더불어 모든 사람이 정신적 고통을 겪을 때 사회적 낙인 없이 적절한 정신 치료와 지원을 받을 수 있는 환경이 조성되는 계기가 되길 바란다"는 것이었다. 유가족은 '정신질환자'라는 단어 대신 '정신적 고통을 겪는 사람'이라는 표현을 선택하는 섬세함을 갖고 있었다. 그에 더해 이 일로 인해 그들에게 사회적 낙인 대신 좀더 나은 치료와 지원을 제공

할 수 있는 계기가 되기를 바란다고 썼다.

　나는 이 글을 접하고는 '나라면, 혹은 나의 부모가 유가족이 되었다면 어떻게 했을까' 하고 생각해보지 않을 수 없었다. 아무래도 보상과 처벌이라는 단어를 먼저 떠올렸을 것이고, 개인적 분노는 누군가를 향한 사회적 증오로 확장되었을 것이다. 누구나 당사자가 되고 나면 더욱 나약하고 감정적인 개인이 되고 만다.

　나는 2019년 1월 초에 한 아카데미의 글쓰기 강좌에 참여했고, 그날도 강의를 하기 위해 이동하고 있었다. 그러던 중 정지우가 이 사건에 대해 페이스북에 쓴 글을 읽었고, 나는 그 자리에서 그날 수업 내용을 절반 정도 바꾸었다. 그리고 수강생들과 정지우의 글을 함께 읽는 데 많은 시간을 할애했다. 그의 글은 내가 그날 강의하려던 '분노의 사회화, 그리고 글쓰기'라는 내용과 맞닿아 있었던 동시에, 무엇보다도 내가 그동안 본 글들 중에서도 가장 아름다웠기 때문이다.

　　　숭고한 두 여성을 본다. 그녀는 말한다. 자신의 오빠를 살해한 사람에 대하여, 그에게 '낙인을 찍지 말아달라'고 간곡히 부탁한다. 수많은 사람들이 "심신미약 같은 걸로 또 봐주지 말고 단두대에 매달아라!"고만 외칠 때, 유가족은 사회적 낙인 없이 그와 같은 이들이 치료받을 수 있게 해달라고 요청한다. 그의 죽음이 꿈이었으면 좋겠다고 말하면서, 우리 가족의 자랑이었다고 하면서, 세상에서 가장 다정한 사람이었다고 하면서도 그를 살해한 자와 같은 정신질환자들의 치료와 지원을 이야기한다. 나는 이 앞에서 한동안 무슨 생각을 해야 좋을지 몰라 입을 다물었다.

자신이 진료하던 환자 때문에 세상을 떠난 정신건강의학과 임세원 교수는 생전에 그토록 환자들을 사랑하고, 그들의 치료를 진심으로 바란 사람이었다고 한다. 온 세상이 누군가를 '심신미약' 따위로 결코 용서해서는 안 된다고, 그것은 악마들의 변명거리에 불과할 뿐이라며 소리칠 때, 그들을 치료하기 위해 삶을 바치던 사람이었다. 그의 가족들은 그가 치유하고자 하던 사람들의 고통을 알고 있었다. 그래서 그의 죽음 앞에서도 자신의 감정을 토로하기보다는, 그가 진정으로 바랐던 소명에 대해 이야기한다. 그를 대신하여, 그가 살았더라면 했을 이야기를 한다. 마음이 아픈 이들, 힘겨운 싸움을 하고 있는 이들을 예비 살인자라고, 악마라고, 괴물이라고 규정짓지 말아달라고 요청한다.

누군가의 안타까운 죽음은 수많은 방식으로 활용된다. 그중 하나는 '악마에 대한 상상력'에 불을 지피고 증오심을 즐길 기회로 삼는 것이다. 증오는 쾌락을 준다. 적에 대한, 악마에 대한 증오는 우리에게 놀라운 집중력을 주며, 현실의 복잡한 고민들을 없애주고, 단 하나에 몰입할 기회를 제공한다. 그런 식으로 중세의 여성들이 마녀라 낙인찍혀 불태워졌고, 유대인들이 악마로 지목되어 학살당했다. 또한 그런 식으로 '빨갱이'나 '김치녀'라는 규정들이 탄생했고, 그에 대응하는 온갖 증오들이 우리 사회에 넘쳐나게 되었다. 우리 사회는 모든 사람들이 언제든 증오할 대상을 기다리며, 증오할 기회를 찾고 있는 증오사회다. 증오하는 자는 개별 인간에 대한 이해를 스스로 말살시켜 버리고, 손쉽게 일반화하여 매도하는 상상을 즐긴다.

그녀는 그러한 증오 앞에서 말하는 것이다. 그를 증오하지 말라고, 오히려 이를 통해 누군가를 보호하고, 지키며, 치료할 방법을 더 고민해달라고 말한다. 나는 이보다 더 숭고하며, 정확하고, 슬픈 애도에 관해 알지 못한다. 나에게 누군가가 그러한 입장에서, 그런 식으로 애도를 할 수 있을 것 같으냐고 묻는다면, 그러지 못할 것 같다. 나의 절망, 나의 분노, 나의 괴로움이 먼저일 것이다. 세상을 떠난 이의 진정한 마음, 그가 이루고자 했던 것, 그가 이어가고자 했던 발걸음보다는 나의 감정이 우선이었을 것이다. 그러나 그녀는 정확하게 보고, 정확하게 말한다. 증오로 함몰되지 말고, 더 큰 것을 지켜달라고, 더 중요한 것을 고민해달라고 말한다.

또 다른 여성이 있다. 그녀는 국회에서 '김용균법'이 통과될 때 "아들아, 너로 인해 다른 사람을 살릴 수 있게 됐다"고 소리쳤다. 슬픔이 채 마르기도 전에, 그녀는 국회로 뛰어갔다. 그녀는

또 다른 '용균이'가 나와서는 안 된다고 소리쳤다. 그녀는 책임
자들을 모조리 잡아내어 단두대에 매달라고 외치기 전에, 또
다른 아들들이 죽어서는 안 된다고 절규했다. 그녀는 아들의
죽음이 시작된 것을 정확하게 바라보았다. 구조적인 살인, 인
권유린, 인간 취급을 받지 못한 인간, 그녀는 세상에 여전히 수
많은 그 '인간 아닌 아들들'이 있다는 걸 알았다. 그녀는 '우리
모두가 죄인이라고, 우리가 가만히 있었기 때문에, 우리가 바
로잡지 않았기 때문에 그들이 모두 죽었다'고 말했다.

그녀는 분노하는 것이다. 분노는 증오와 결이 다르다. 분노는
증오와 차원이 다른 것이다. 증오가 병적으로 적을 찾아다니
며, 그 적이라는 대상에 집착하며 쾌락에 중독되는 것이라면,
분노는 정확하게 문제의 본질을 겨냥하는 것이다. 분노는 그
겨냥을 통하여, 온당한 것, 옳은 것, 정당한 것이 이 부조리한
현실에 내려앉아야 한다는 요구다. 그녀는 세상 모든 아들들이
자신의 아들과 다르지 않다는 걸 알았다. 자신의 아들을 죽인
바로 그것이 다른 아들들을 죽인다는 걸 알았다. 그래서 슬픔
과 증오, 절망에만 빠져 있을 수 없다고 생각했다. 그렇게 그녀
는 누구도 해낼 수 없는 방식의 애도를 시작했다. 세상의 모든
사람을 살리겠다는 분노, 그것은 나는 알 수 없는 영역이다. 나
는 한 번도 그곳에 도달해본 적이 없기 때문이다. 하지만 그녀
가 옳다는 건 안다. 그녀보다 옳은 존재는 없다는 걸 안다.

수백 명의 증오도, 수천 명의 악질적인 상상력도, 수만 명의 비열한 웃음소리도 한 사람의 진정한 애도를 이기지 못한다. 진실은 존재의 가장 깊은 곳에 도달하여 애도하는 한 사람에게 있다. 진실을 알고자 한다면, 귀가 있다면, 마음이 살아 있다면, 나머지 사람들이 할 일이란 온 마음을 기울여 그들의 말에 귀기울이는 것이라 생각한다. 진실 앞에서 침묵하고, 진실에 복종하고, 진실의 곁에 선 사람을 바라봐야 한다. 길은 그들이 알고 있다. 그들의 애도가 곧 길이다. 우리는 그 길을 가야 한다.

이 글을 수강생들과 함께 읽고, 나는 그들과 '우리는 그 길을 가야 한다'는 문장을 '우리는 이러한 글을 써야 한다'고 바꿔서 한 번 더 읽었다. 그에 따르면 분노라는 것은 "정확하게 문제의 본질을 겨냥"하는 것이며, "그 겨냥을 통하여, 온당한 것, 옳은 것, 정당한 것이 이 부조리한 현실에 내려앉아야 한다는 요구"다. 그러나 제대로 분노할 수 있는 사람들은 별로 없다. 특히 개인의 분노를 사회적 분노로 확장시킬 수 있는 사람들은 더욱 없다.

정지우는 유가족의 입장문을 보면서 "한동안 무슨 생각을 해야 좋을지 몰라 입을 다물었다"고 했고, 그러면서 "나는 알 수 없는 영역이다. 나는 한 번도 그곳에 도달해본 적이 없기 때문이다"라고 덧붙였다. 나도, 그도, 그 어느 누구도 쉽게 할 수 없는 일이다. 그러나 임세원 교수의 유족들이 그랬고, 태안화력발전

소에서 숨진 김용균의 어머니 역시 그랬다. 그들은 자신의 분노를 증오로 옮기는 대신, 사회적 분노로 확장시키는 방법을 선택했다. 그것이 고인을 애도하는 가장 적확한 방법이라고 믿었을 것이다.

증오는 모든 자리를 폐허로 만든다

2018년과 마찬가지로, 2019년에도 모두가 분노할, 그리고 분노해야만 할 일들이 다시 일어날 것이다. 2019년의 시작과 함께 20대 청년 노동자가 공장에서 자동문을 설치하다가 몸이 끼어 사망했다는 소식이 들려왔다. '김용균법'이 조금만 더 일찍 마련되었다면 일어나지 않았을 산업재해일지 사실 알 수는 없다. 우선은 안타까움과 분노의 감정이 자연스럽게 찾아온다.

그러나 우리는 그 개인의 분노를 사회적 분노로 확장시키기 위해 조금 더 노력해야 한다. 한국 사회는 그래야 앞으로 나아갈 수 있다. 특히 평론가라는 직함을 달고 글을 쓰는 이들이 자신이 얼마나 화가 많이 나 있는지, 자신이 얼마나 상처 받았는지 하는 것을 단어와 문장마다 드러내고 나면 그것은 사회적 증오와 개인적 혐오로 변질될 뿐이다.

좋은 글은 분노를 억누르고 담담한 문체로 독자에게 다가간다. 그래서 그들이 분노하는 동시에 고민하게 만든다. 저마다 자신의 자리에서 무엇을 해야 할 것인가 하는 물음표를 남기는 것이다. 그러나 증오는 모든 자리를 폐허로 만든다. 모든 문제를 현상으로만 받아들이고 그에 따라 자신과 타인을 구분하고 격리시킨다. 분노사회는 이 사회를 바꾸는 힘이 되지만, 증오사회는 결국 이 사회를 무너뜨리고 말 것이다.

　계속 글을 읽고 써야 할 우리에게는 한 가지 과제가 남는다. 나를 닮은 타인들을 계속 의식하고, 그들에게 분노하게 하되 누구도 증오하지 않게 하는 것이다. '나를 닮은 사람들'에게 분노하는 것으로는 어떤 변화도 추동해낼 수가 없다. 그러나 개인의 분노를 모아 사회적 분노로 만들고 나면, 이 사회의 문화와 제도를 바꾸어낼 수 있다. 분노의 글쓰기와 증오의 글쓰기 중 어느 편을 선택해야 할지는 명확하다. 우리는 계속 분노하며 살아갈 수밖에 없기 때문이다.

타인을 외롭게 만드는
사람들에게

타인의 운전석에 앉는다는 것

2017년 8월 2일, 『경향신문』에 「'아재'들에게」라는 글을 썼던 적이 있다. 그런데 이 글이 페이스북이나 트위터에서 이슈가 된 모양이다. '지금 트위터는'이라는 『경향신문』의 인터넷판 기사에 그날 가장 많이 리트윗된 기사로 소개되기도 했고, 페이스북에 공유된 것도 많이 보았다. 특히 '아재'들의 반응이 뜨거웠다. 내 글을 공유하면서 억울함을 토로하거나 원색적으로 비판한 사람, 아예 전화를 걸어온 사람, 지면에 공개적으로 글을 써서 비판한 사람 등 다양했다.

며칠 후에는 모 잡지사에서 인터뷰를 요청해왔다. 그 칼럼을 쓴 사람을 만나 조금 더 아재들에 대한 이야기를 듣고 싶다는 것이었다. 서울에서 강원도 원주까지 내려온 그들과 만나면서, 대체 "아재가 뭘까?" 하는 고민을 새롭게 하게 되었다. 그렇다면 아재에 대한 혐오가 왜 나타나게 되었는지, 그 혐오 담론에서 생기는 오해는 무엇인지에 대해 나름의 단편적인 답을 시도해보고자 한다.

우선, 내가 '대리운전'을 하고 있다는 것을 밝혀두어야겠다. 나는 타인의 운전석이라는 특별한 공간에서 노동한다. 『대리사회』라는 책을 출간하고 운전을 그만둔 것으로 아는 사람도 많고 실제로 한동안 쉬기도 했지만, 여전히 나는 그 노동을 하고 있다. 거리에서 배우는 것이 많다는 핑계와 더불어 그것이 글 쓰는 것보다는 당장 돈이 된다는 현실적 이유도 있다. 논란이 된 「'아재'들에게」는 대리운전을 하며 내가 바라본 50대 대한민국 남성들에 대한 이야기다.

운전하는 나를 대하는 50대 한국 남성들의 태도는, 크고 작은 차이는 있지만 큰 틀에서는 거의 비슷하다. 거의 예외 없이 ① 나에게 열심히 산다는 칭찬, 혹은 걱정을 가볍게 건네지만, ② 곧 자신은 더 열심히 살았다는 자기 서사를 시작한다. ③ 그에 더해, 사실 젊은 사람들이 제대로 된 '노력'을 하지 않고 있으며, ④ 세상에 공짜밥은 없다고, ⑤ 그러니까 당신도 지금보다 더 열심히 살아야 한다고 당부하고는, ⑥ 이런 이야기 어디 가서 못 들으니 오히려 내가 당신에게 돈을 받아야겠다는 가벼운 유머·개그를 던지고, ⑦ 내가 이런 이야기해줘서 좋았지, 하는 것으로 마무리한다. 나열한 7가지 각 항목을 순서대로 모두 거치는 이들도 있고, 몇 가지는 건너뛰기도 한다. 하지만 일반적으로 자신보다 젊은 타인에 대한 걱정, 질책, 당부와 함께 자신의 서사를 긴 시간 이어 나간다.

나는 운전하는 동안 그들의 이야기를 듣는다. 정확히는, 대화라기보다는 답을 정해두고 하는 일방적인 전달과 강요다. 그들 앞에서 나는 노력하지 않는 세대의 대표가 되고, 그들은 스스로 노력한 세대의 대표가 된다. 그것은 필연적으로 자기 자신에 대한 자랑과 과시, 타인에 대한 걱정과 무시로 이어진다. 나는 그들의 기분이 상할까 걱정되어서, 혹은 어떠한 폭력을 불러올까 두려워서 웃으며 수긍하는 것이 고작이다. "네, 맞습니다" 하는 대답과 동의가 필요하고, 가끔은 "대단하십니다" 하는 찬사까지 보낸다. 애초에 타인의 운전석에서 하는 발화는 제한적일 수밖에 없다. 그런데 정작 그런 이들일수록 자신의 지갑을 여는 일은 더욱 없다. 정해진 금액만을 건네거나 아니면 비용을 깎으려는 시도를 한다.

나는 "아니 사장님, 그렇게 돈이 많다고 자랑하시더니 대리비 1,000원을 왜 깎으려고 하십니까?" 하고 묻고 싶은 심정이 된다. 물론 내가 한 노동 이상의 대가를 바라지는 않는다. 우리들도 자연스러운 대화를 나누고 그에 대한 비용을 요구하는 일은 없다. 그러나 어느 한편의 자기만족을 위한 발화를 듣는 것은 쉬운 일이 아니다. 가족이나 이해 당사자가 아닌, 특히 노동의 사용자와 이용자로 만난 관계에서는 더욱 상호 예의를 갖춘 대화가 이루어져야 한다. 나에게는(타인에게는) 당신의 이야기를 들어야 할 의무가 없다.

우리 일상에서도 대화 상대를 타인의 운전석으로 몰아넣고, 자신의 이야기만을 하는 이들이 있다. 직위가 높아서, 나이가 많아서, 아니면 남성이어서 그래도 된다고 여긴다.······그러나 그들이 지갑을 열기보다는 자신의 귀를 열기를 더욱 바란다. 타인의 이야기를 경청하고 그의 처지에서 사유하는 연습을 한다면, 상대방에게는 그것이 가장 큰 보상이 된다. 굳이 지갑을 열지 않아도 어디에서든 환영받는 존재가 되는 방법이다.

이 글이 이슈가 된 가장 큰 이유는 아마도 1번부터 7번까지 유형별로 알아보기 쉽게 정리했기 때문이 아닌가 싶다. 트위터에서도 그 부분만을 인용한 글이 3,000번 넘게 리트윗되었다. 무엇이든 한눈에 들어오게 만들어야 2차 가공과 확산이 이루어진다.

발화 권력을 가진 존재들

사실 크게 논란이 될 것도 없는 글이었다. 50대 한국 남성들, 그러니까 아재들의 자기 서사가 과도한 수준에 이르렀고 그들이 어느 자리에서든 입보다는 귀를 열어주면 좋겠다는 내용이다. 실제로 대리운전을 하다 보면 그들은 ① 칭찬과 걱정으로 시작해, ② '노오력'으로 대변되는 자신에 대한 회고, ③ 노력하지 않는 후속 세대에 대한 비판, ④ 세태 규정, ⑤ 그에 따른 당부, ⑥ 가벼운 개그, ⑦ 행위에 대한 합리화로 마무리한다. 몇 가지 건너뛰는 이들도 있지만 대개는 이러한 유형에서 벗어나지 않는다.

이 글을 본 어느 50대 남성은 페이스북을 통해 "변소에 돌아다니니 똥냄새밖에 더 맡겠느냐"라는 문장을 남겼다. 특정 노동 행위에 대한 폄하가 도를 넘은 것이지만, 그 표현 자체에 반응하고 싶지는 않다. 다만, 그런 유형의 아재들을 운전석에서만 발견할 수 있다면 나는 굳이 글을 쓰지 않았을 것이다. ①~⑦은 운전석뿐 아니라 한국 사회 어느 공간에서든 어렵지 않게 볼 수 있다. 실제로 자기 서사만을 일삼으며 자기 자신을 노력한 세대로, 후속 세대를 노력하지 않는 세대로 규정짓는 이들은 어디에나 많다. 가정에서, 학교에서, 회사에서, 세대와 세대가 만나는 모든 공간에서 그런 내용의 발화가 일어난다.

내가 글에서 문제 삼은 핵심은 '발화'였다. 어느 공간에나 발화 권력을 가진 이들이 있다. 직위, 성별, 세대 등이 그것을 결정하기 마련이어서, '성실하게' 살아온 한국 사회의 50대 남성들은 대개 대화의 지분을 조절할 수 있는 자리에 있다. 그러니까 자신이 독점할 것인지, 적절히 분배할 것인지, 완전히 양보할 것인지를 결정할 수 있는 것이다. '아재'와 '부장님'이 동의어로 사용되기도 하는 현실에서, 부장급 관리자가 주최한 회의의 모습을 상상해보면 이해할 수 있겠다.

많은 사람이 '소통'을 내세우지만 그것은 경청을 강요하는 데로 나아가기 쉽다. 아래에서는 대답과 동조, 찬사만 이어진다. 아니면 자신의 권위를 확인하기 위한 수단이 되기도 하고, 주제를 던져두고 자신이 원하는 데까지 누가 먼저 도달하는지를 경주시키는 일도 흔하다. 대학의 강의실에서도, 가족이 모인 식사 자리에서도, 평범한 술자리나 독서모임 같은 데서도 자주 벌어지는 모습이다. 물론 그들이 모두 중년의 남성이라는 법은 없지만, 그들은 대개 어디서든 발화를 관리할 권력을 가지고 있다.

'발화 권력'에 대해서는 「'아재'들에게」보다 2017년 7월 29일 『중앙일보』에 「이제 그만 'O업' 하시면 어떨까요」라는 글을 썼다.

> 내가 대학원생이던 때, 큰 규모의 학회가 열렸다. 원로 교수 한 분이 축사를 하기 위해 마이크 앞에 섰다. "나이를 먹을수록 세 가지 업이 필요하다고 하던데……그리고 세 번째로 '셧업', "말을 줄여야 한다고 합디다. 하고 싶은 말은 많은데, 좋은 어른이 되기 위해서 이만 내려가겠습니다"라고 말했다. 그러고는 정

말 연단에서 내려왔다. 그날 그는 그 학회의 모든 발표와 토론을 합친 것만큼의 박수와 환호를 받았다.

10여 년의 시간이 지났지만 아직도 어느 자리에 가야 할 때마다 그 노교수의 '업'이 종종 떠오른다. 얼마 전 대학생들이 마련한 작은 행사에서는 초대받은 50대가 학생들에게 하고 싶은 말이 있다며 자신의 이야기를 시작했다. 행사의 의미, 자기 회고와 그에 따른 감정의 고조, 학생들에 대한 걱정, 당부, 그런 것들이 오랜 시간 이어졌다. 대학생들은 그가 흥분하기 시작한 시점부터 휴대전화를 꺼내 자신의 일을 시작했다. 나는 그에게 이만 '셧업'하시고 학생들의 말을 들으면 어떨까요, 하고 제안하고 싶었다.

'말의 점유', 그것으로 자신을 증명하려는 이들이 있다. 간편한 술자리, 지인들과의 독서모임, 크고 작은 회의 등 일상의 모임에서도 그 욕구를 내려놓지 못한다. 발화할 권력은 대개 직위와 나이의 높낮음에 따라 결정된다. 나도 먹어가는 나이에 비례해 이전보다 말이 늘어간다. 그러나 내가 기억하는 가장 좋은 어른은 후배들의 목소리를 듣기 위해 자신의 말을 내려놓았다. 그를 떠올리며 나도 입을 닫고 귀를 열기로 한다. 그 내려놓음이 나와 당신을 조금 더 높은 자리로 데려다줄 것이다.

어느 공간에서 '말'을 점유한다는 것은, 곧 자신의 존재를 증

명하려는 욕구와 연결된다. 이 글에 나타나는 50대의 발화는 자기 회고, 그에 따른 감정의 고조, 후속 세대에 대한 걱정과 당부 등을 고스란히 담고 있다. 결국 그 강의실은 대리운전의 공간과 크게 다를 것이 없다. 그는 자기 서사를 강요하면서 타인들을 대리기사 같은 주변적 존재로 만들어버렸다. 거기서 끝났으면 다행인데, 다른 선배를 지목하면서 '이 선생님의 말씀도 들어보아야 한다'고 말했다.

그가 지목한 50대가 나와서 더욱 길고 감정이 섞인 자기 서사를 시작했다. 학생들은 열없이 박수를 치고는 그들의 말이 끝나기를 기다렸다. 나는 물과 기름처럼 붕 떠 부유하는 그들의 모습을 중간층에서 그저 바라보았다. 오히려 그 행사를 준비한 대학생들에게 소감을 묻는 것이 그 자리를 가장 빛내주었을 것이라고 생각했다. 그러나 발화할 권력을 가진 선배 세대들은 그러한 기회를 주지 않았고, 소중한 시간을 잡아먹었다.

「'아재'들에게」라는 글에 대한 반론 중 "선배들의 경험이 필요한 시대"라는 것이 많았다. 그러나 감정으로 점철된 자기 서사가 경험으로 포장되어서는 안 된다. 고생담, 무용담, 그런 뻔한 '레퍼토리'를 들어야 할 의무는 누구에게도 없다. 차라리 자신에게 허락된 말의 지분을 다음 세대에게 나누어주어야 한다. 그러면 그들은 그 공간에서 온전한 자기 자신의 몸으로 말하게 된다. 소통이란 그런 것이다. 자신의 빛나는 경험은 말이 아니라 몸으로 더욱 잘 보여줄 수 있다. 그러한 선배는 어디서든 존경받는다.

젊은 대리기사를 찾는 손님들

대리운전 콜을 켜놓다 보면 가끔 '비고'란에 "젊은 대리기사 불러주세요" 하는 메시지가 뜬다. 나는 처음에 그것을 잘 이해하지 못했다. 운전이야말로 '경험'이 필요하고, 나보다는 50대 선배들의 운전 실력이 좋지 않을까 짐작한 것이다. 그런데 대리기사 커뮤니티에 그에 대한 글이 올라왔다. 누군가가 "젊은 대리기사는 왜 찾는 거죠?" 하고 묻자, 그런 요청을 받아 운전한 대리기사가 답글을 달았다.

그도 궁금해서 30대 청년인 손님에게 직접 물어보았는데 "편하게 가고 싶어서요"라는 답이 돌아왔다고 한다. 그에 따르면 50대 이상인 대리기사들은 가는 내내 너무나 말이 많다. 이렇게 살아야 한다, 저렇게 살아야 한다 하고 훈계하거나 묻지도 않은 자신의 이야기를 한다고 했다.

답글을 보고 내가 쓴 『대리사회』의 내용을 수정해야 하는지 심각하게 고민했다. 그 책에는 '타인의 공간에서 통제되는 행동과 언어들'이라는 부제가 붙었다. 타인의 운전석에서 위축되고 온전한 자기 자신으로 존재할 수 없게 된다는 것을 대리운전의 경험으로 쓴 것이다. 그런데 사용자와 노동자, 자동차의 주인과 임시 점유자, 그 명확한 갑과 을의 차이마저도 무화無化시키는 괴물이 바로 '나이(세대)'였던 모양이다. 젊은 대리기사들뿐 아니라 젊은 손님들 역시 아재들의 희생양이었다.

물론 젊은 손님은 여전히 '갑'의 위치에 있다. 대리기사의 발화에 자신의 의견을 덧붙일 수 있고 마음에 들지 않으면 중단을 요청할 수도 있다. 공간(자동차)의 주인으로서, 적어도 자신의 몸과 언어를 가지고 존재하기 때문이다. 반대로 대리기사들은 완벽한 타인의 공간에서 노동하면서 위축될 수밖에 없다.

그런 그들을 무의식적으로 고양시키는 것은 '나이'다. 선배 세대로서 후속 세대에게 무언가 경험을 전수해주고픈 마음일지, 나로서는 아직 그것을 알 길이 없다. 다만 그것이 어느 공간에서나 있는 헤게모니를 두고 경쟁하게 만든다는 사실이 놀랍다. 한국 사회에서 나이라는 것이 얼마나 큰 위력을 갖고 있는지를 다시 한번 실감한다. 우리는 그만큼 후진적이다.

"연탄가스 마셔 보지 않은 자와는 인생을 논하지 않겠다"

얼마 전에는 다음과 같은 문장으로 시작하는 칼럼을 한 편 읽었다. "대리운전 한다는 어떤 이가 '청춘직설'이라며 '50대 남성 고객'들을 싸잡아 '아재(라 했지만 꼰대로 읽었다)'로 규정하는 데에 상당한 불쾌감을 느꼈다." 대리운전, 청춘직설, 아재라는 단어들을 읽으면서 그 '어떤 이'가 나를 지칭하고 있음을 알았다. 그의 글은 유쾌하면서 재미있었고, 과연 아재의 전형을 보여

주는 것이었다. 2017년 8월 24일 『아주경제』에 실린 최보기의
「아재아재 봐라 아재」의 일부 내용이다.

> 항의할 의사도, 네 생각이 잘못이다 훈계할 성의도, 평생 그리
> 살아라 조롱할 생각도 없다. 세상을 보는 눈이 다른데 그래 봐
> 야 꼰대임을 더 확인시켜줄 뿐이니까. 그럼에도 청춘들에게
> "작금의 사회구조가 '노오력'해도 어려운 것을 안다. 쓸데없는
> 꿈 깨고 포기하라"고 말할 수는 없다. "대나무 끝에도 한 발 내
> 디딜 틈이 있고, 벼룩에도 오장육부가 있다"고 말하겠다. 이리
> 말하면 결국 도로아재인가?……사람들은 꼰대가 되지 않으려
> 면 '왕년에…나 젊었을 때는…' 이런 말을 절대 하지 말라고 한
> 다. 입은 닫고 지갑만 열라고 한다. 그런데 아직 오지도 않은 미
> 래는 신의 영역이라 우리 인간이 뭐라 말할 수 없다. 결국 내가
> 겪은 과거의 경험밖에 말할 것이 없는데 과거는 불문, 닥치고
> 지갑만 열라면 50대 이후는 입을 재봉틀로 봉하고 살란 말인
> 가?……요즘 아이들은 '자취自炊'의 실상을 제대로 모른다. 남
> 녀불문하고 그 나이에 직접 밥 짓고, 반찬 마련하고, 도시락 싸
> 고, 빨래와 청소를 해가며 알아서 학교에 다녔다는 뜻이다. 에
> 어컨은 고사하고 선풍기도 없었다. 전기밥솥도 없었다.……와
> 중에 나는 연탄가스를 두 번 제대로 마셨다. 온돌에 미세균열
> 이 나거나 부엌의 환기가 안 돼 잠자는 사이 가스가 문틈으로

침입하면 그리 되는 것이었다. 당시 빈곤층의 연탄가스 중독사는 안타깝고 흔한 뉴스였다. 첫 경험은 중학교 때였는데 옆집의 신 김칫국물 덕분에 다 죽었다가 살아났다. 두 번째는 자취하던 고등학교 때였다. 지금 나의 삶이 덤으로 사는 인생이라며 고맙게 여기는 이유다. 그런고로 나는 모름지기 연탄가스한 번 마셔 보지 않은 자와는 인생을 논하지 않겠다. 연탄가스한 번 안 마셔 봤다면 함부로 싸잡아 '아재'라 희롱치 말라. 그것은 병자년 건방죽인 것이다.

그의 글을 읽으면서 우선 그와 인생을 논할 자격이 되는 것에 감사했다. 나는 어린 시절에 연탄보일러를 때는 낡은 연립주택에 살았다. 지하실에 내려갈 때면 매캐한 연탄 냄새가 올라왔다. 어머니는 새벽이 되면 연탄집게를 들고 연탄을 갈러 나갔고, 외할머니는 가끔 곰국 같은 것을 연탄불에 한참 고아서 내왔다. 그와 어울릴 만한 아재의 공통분모를 발견한 반가움과는 별개로, 나는 그 연탄가스 냄새를 별로 추억하고 싶지 않다. 그것은 가난의 냄새였고, 시대의 냄새였다. 다만 나는 그것을 '기억'할 뿐이다.

어머니의 연탄집게와 외할머니의 곰국은 추억이지만, 냄새는 기억의 영역이다. 그러한 시대를 살아낸 것이 고생담과 무용담이 되어 후속 세대를 옭아매는 서사가 되는 순간, 세대 간 혐오가 시작된다. 후속 세대의 '지금'을 들으려는 노력보다 자기 세대의 '어제'를 추억하는 일, 동시同視하지 않아야 할 유물들을 시대를 무시하고 강요하는 일은 아재로서 책무를 다하지 않고 꼰대로 진화하는 일이 된다.

나는 내 아이들이 가스보일러가 달린 아파트에 살게 되었음에 감사한다. 겨울마다 연탄을 들여놓거나 다 쓴 LPG가스통을 바꿀 필요도 없다. 버튼을 누르면 도시가스가 물을 데우고, 가스의 용량을 확인하지 않아도 달마다 사용한 만큼 고지서가 나온다. 그러나 연탄통을 들고 연탄가스가 자욱하게 내려앉은 지하실을 들락거리던 어린 시절을 추억하고 싶지는 않다. 아이들에게 언젠가 들려주게 될지도 모르지만, 그것은 아버지의 세대가 그런 시대를 살아왔다는 기억의 전달에 그쳐야 한다.

자신을 아재라고 지칭한 이는 "연탄가스 한 번 마셔 보지 않은 자와는 인생을 논하지 않겠다"고 선언했다. 나는 그를 두고 어느 '할배'가 코웃음 치며 "장작을 패보지 않은 자와 인생을 논하지 않겠다"고 말하는 것을 상상한다. 실제로 칠순이 넘은 나의 처가 어르신들은 겨울마다 장작을 한 트럭씩 직접 패서 마당에 쌓아놓고 화목난로를 땐다. 그러면 또 누군가가 관 뚜껑을 열고 뛰쳐나오며 "아궁이 불씨를 살려내 보지 않은 자와 인생을 논하지 않겠다"고 말할지도 모르겠다.

타인의 말을 듣는 연습

「아재아재 봐라 아재」의 미덕은 여기저기에 숨은 개그 코드가 많다는 데 있다. 웃음을 주려고 시도한 부분이 많이 보인다. 제목부터가 그들의 감성이라 할 만한 '아재아재 바라아재'의 패러디다. 이것은 아재라는 단어를 대중적으로 유행시킨 '아재 개그'라고도 할 수 있다. 내가 이해하기로는 단어 같은 것을 살짝 변형시키는 것이 아재개그다.

예를 들면 우럭회를 먹다가 "우럭아, 너는 왜 우럭?" 하고 말하는 식이다. 이것은 아재개그를 소재로 한 CF에서, 회를 먹던 어느 부장이 이처럼 말하고 부하 직원들이 한 박자 늦게 데굴데굴 구르며 웃는 것으로 희화화되기도 했다. 그런데 하나의 유머 코드처럼 자리 잡은 아재개그의 핵심은 맥락이 없고 별로 웃기지 않다는 데 있다.

아재들은 사실 '언터처블'한, 건드리기 쉽지 않은 존재다. 아재개그의 동의어가 '부장님개그'인 것을 보면 알 수 있지만, 그들의 무엇을 평가하기란 어려운 일이다. 그것이 웃자고 하는 농담이라 하더라도 그렇다. 사실 언어를 비틀어 웃음을 주는 것이 아재들의 전유물은 아니다. 젊은 사람들도 그러한 개그를 즐긴다.

그러나 아재가 아닌 사람들의 개그는 그 즉시 평가의 대상이 된다. 젊은 세대들 곁에는 언제나 '개그 감별사' 같은 이들이 있다. 누가 농담을 하면 그것이 맥락에 얼마나 어울렸는지, 얼마나 신선했는지, 누군가를 과도하게 불편하게 한 것은 아닌지 등을 고려해서 종합점수를 매긴다.

점수가 낮으면 당장 응징의 대상이 된다. 그때마다 따라붙는 것은 "네가 무슨 아재냐?" 하는 힐난이다. 아재들의 개그는 평가의 대상이 되지 않는다. 재미가 있든 없든 무조건 웃어야 한다. 그들이 가진 권력 때문이다. 당장 대학 강의실에서도 정규직 교수의 개그에는 모두가 웃어주어도 시간강사의 개그에는 모두가 싸늘하다는 것이 두 집단의 위상을 설명하는 데 동원되기도 한다.

아재개그라는 새로운 유행 속에는, 이처럼 평가와 검열의 대상이 되어본 적 없는 아재라는 세대에 대한 빈정거림이 들어 있다. 그 세대의 개그 코드일 뿐이라고 할 수도 있겠지만, 어쩌면 일상의 농담에서조차 타인을 별로 배려하지 않는 그들의 자화상을 그대로 반영한 것이다.

아재로 지칭되는 50대 남성들에 대한 혐오는 그들이 자기 서사를 시작하면서부터 더욱 짙어지고 있다. 추억으로 점철된 그것이 젊은 세대의 오늘을 옭아매는 논리가 되는 것은 물론 그들을 비동시적 존재로 만들어낸다. 같은 시대에 공존하지 않아야 할 무엇이 잔존하며 시곗바늘을 거꾸로 돌리기 위해 애를 쓰는 듯하다. 50대 남성들은 지금 한국 사회에서 가장 큰 권력을 가진 세대다. 어느 국가에서나 대개 그렇겠으나, 특히 나이가 권력이 되는 수직적이고 후진적인 사회에서는 그것이 심화된다.

어쩌면 "말 한마디 하는 데도 가족·후배·직원 눈치를 보아야 하는데 무슨 놈의 권력이냐"라고 항변할지도 모르겠다. 그러나 발화에 앞서서 타인의 눈치를 보는 것은 너무나 당연하고, 또 다른 세대에게는 익숙한 일이다. 아재의 반대편에 있는 '젊은 여성'들은 더욱 그렇다. 2016년부터 일어난 페미니즘이라는 무기로 각성하고 자신들의 언어를 찾아가는 과정에 있는 이들은, 이제 발화 권력을 되찾아오기로 마음먹었다. 아재들이 그나마 눈치를 보기 시작하게 된 데는 젊은 세대, 특히 여성들의 공이 크다.

나는 「'아재'들에게」라는 글에서 "그들이 많이 외로운 것 같다"고 썼다. 소외된다는 데서 오는 감정은 물론 외로움일 것이다. 그러나 그들은 '외롭다'고 말할 자격이 별로 없다고 생각한다. 타인을 끝없이 외롭게 만들며 스스로 외로워지는 길을 택한 이들이기 때문이다. 그들에게 소통이란 주로 자신의 말을 끊임없이 들어주는 것이고, 거기에 무조건적 존중을 보내고 순응하는 것이다.

아재들은 자신의 권력에 대해 조금 더 검열할 필요가 있다. 한국 사회에서 지금껏 타인의 눈치를 보지 않고 살아온 세대는 별로 없다. 이제 비로소 그 시선을 인식하게 된 이들이 '아프다, 외롭다, 혐오를 멈춰라' 하고 말하는 것은 아무런 공감을 자아내지 못한다. 아재들은 여전히 발화의 대부분을 장악하고 있고, 일상의 영역에서는 특히 더 그러하다. 그래서 최근 자신들을 규정하기 시작한 혐오의 언어들을 벗어버릴 해답 역시 그들 스스로 쥐고 있다. 이제 아재들도 '타인의 말에 조금 더 귀를 기울여야 한다'. 타인의 말을 듣는 연습부터 시작해야 한다. 자신을 내려놓을 때, 함께 더 높은 곳으로 올라갈 수 있다고 믿는다.

작가는 왜
가난한가?

최영미 시인은 가난하다

2017년 8월, 최영미 시인이 『시를 읽는 오후』라는 책을 출간했다. 그러나 그는 신작이 아닌 다른 글로 곧 화제가 되었다. 그가 페이스북에 올린 글 한 편이, 어쩌면 신작은 물론이고 『서른, 잔치는 끝났다』라는 대표작보다도 더욱 많은 독자에게 가서 닿았다. 그 내용을 요약하면 최영미 시인이 서울의 한 호텔에 1년 동안 객실 사용권을 요청했다는 것이다.

그는 월세 계약이 만기되어 집을 비워야 할 처지가 되었고, 그때 호텔에서 살다가 죽은 미국의 작가 도로시 파커Dorothy Parker가 떠올랐다. 그래서 "방 하나를 1년간 사용하게 해주신다면 평생 홍보대사가 되겠"다는 내용의 이메일을 서교동의 아만티호텔에 보내기에 이른다. 그러면서 "그냥 호텔이 아니라 특급

호텔이어야 한다. 수영장 있음 더 좋겠다. 아무 곳에서나 사느니 차라리 죽는 게 낫지 않나"라는 내용을 덧붙이기도 했다.

나는 최영미 시인이 페이스북에 올린 글을 바로 본 것은 아니고 그 내용을 인용한 기사로 먼저 접했다. 읽으면서 든 생각은 우선 '최영미 시인이 왜 이런 생활고를 겪는 거지' 하는 것이었다. 1994년에 출간된 『서른, 잔치는 끝났다』는 지금까지 52쇄를 찍고, 50만 부가 넘게 팔려나갔다. 그 인세를 굳이 계산해보지 않아도, 그가 가진 이름값만 해도 아직 몇 손가락 안에 든다고 믿는다.

그러나 그는 2016년에도 페이스북을 통해 생활고를 토로했다. "마포세무서로부터 근로장려금을 신청하라는 통보를 받았다.……내가 연간 소득이 1,300만 원 미만이고 무주택자이며 재산이 적어, 빈곤층에게 주는 생활보조금 신청 대상이란다." 소설가 한강이 맨부커상을 받아 문학계가 축제 분위기였을 무렵이다. 많은 사람이 최영미가 대체 왜, 하는 심정이었을 것이다.

그러한 분위기를 감지한 CBS 라디오 〈김현정의 뉴스쇼〉에서 2016년 5월 24일 그를 초대했다. 김현정 앵커는 『서른, 잔치는 끝났다』가 "1994년 출간 당시 얼마나 선풍적"이었는지 설명하고 그 작가인 "최영미 시인이 어떻게 생활보호대상자란 말이냐"고 놀라며 "어떻게 된 겁니까?"라고 물었다. 직설적인 질문으로 대상자에게 반드시 무언가를 얻어내고야 마는 김현정 앵커다웠다. 최영미 시인은 거기에 "저는 별로 놀랍지 않거든요.……저보다 더 어려운 작가들 아주 많고요"라고 답했다.

김현정	1994년 출간 당시 얼마나 선풍적이었는고 하니, 문단이 발칵 뒤집혔고 심지어 이 시의 제목은 유행어가 됐고, 그 해 신문사들이 선정한 10대 상품에 뽑힐 정도였습니다. 그런 최영미 시인이 어떻게 생활보호대상자란 말이냐, 놀라지 않을 수가 없었어요. 어떻게 된 겁니까?
최영미	저는 별로 놀랍지 않거든요. 문단의 작가들은 대충 다 비슷한 현실이니까. 말하자면 한국에서 작가로 살려면 두 가지 길이 있다고 생각을 해요.
김현정	두 가지 길이요?
최영미	네, 예를 들면 1년 혹은 2년에 한 번 책을 내고 그 책이 2만 부는 나가야 생활이 돼요. 2만 부 책이 나가면 작가한테 돌아오는 것이 한 2,000만 원이에요.
	(중략)
김현정	그러면 대중적으로 아주 인기가 있는 생존의 길이 하나가 있고요. 그렇지만 이런 작가는 전체 비중, 퍼센트로 따졌을 때는 몇 안 되잖아요?
최영미	한 20명 될까요? 그런 베스트셀러 작가, 말하자면 책을 팔아서 생활하는 작가는 제 생각에는 한국에 몇 십 명 안

되는 걸로 알고 있어요. 그다음 두 번째 생존의 길은 평론가들로부터 문학성을 인정받아서 문학상을 타는 거예요.

김현정 상을 타는 것이요?

최영미 그러면 상금이 나오죠. 상금이 5,000만 원이거나 정확히는 모르지만 한국에도 1억 원을 주는 상도 있다고 들었어요. 그런데 저는 불행히도 그런 상은 하나도 못 받았어요.(웃음) 제가 받은 유일한 상은 딱 하나인데 알려진 상이 아니지만 『돼지들에게』라는 시집으로 한 10년 전에 상을 탔었고요. 그 상의 상금이 1,000만 원이었어요. 그래서 저는 굉장히 좋아했죠, 공돈 들어왔다고.(웃음)

김현정 아니, 우리나라의 대문학가가 1,000만 원 상금 받고 '이야, 나 이거 얻어서 너무 좋다'라고 할 정도가 된다는 건 굉장히 씁쓸한 현실이잖아요?

최영미 사실 저는 그때가 2006년이었는데요. 그즈음부터 생활이 어려워지기 시작해서 사실 저는 그 상 받기 전에 '작가는 한국에서 더이상 경쟁력이 없는 것 같다. 뭔가 다른 길을 가야 되지 않을까'라고 생각을 했어요.

김현정 그러니까 아예 붓을 꺾을 생각까지 하셨던 거예요, 최영미 작가가?

최영미 사실은 그랬습니다. 한 10년 전부터 그런 생각을 계속했습니다. 왜냐하면 한 10년 전부터 생활이 안 되더라고요.

최영미 시인은 가난하다. 그는 그나마 형편이 나은 편이고 다른 전업 작가들은 더욱 가난하다. 이 인용문에는 나타나지 않았지만 부업을 하며 생계를 꾸려나가는 작가들에 대한 언급이 있었다. 그는 생활(생계)의 조건으로 1~2년에 책 한 권을 출간하고 2만 부를 파는 것을 제시했다. 그러나 1년마다 책을 출간하기는 어렵고 2만 부를 팔기란 더욱 요원하다. 작가에게 돌아가는 인세는 2,000만 원이다. 결국 최영미 시인은 연봉 2,000만 원을 생계의 조건으로 내건 셈이다. 이러한 현실은 결국 대한민국의 시인·소설가·연구자·번역가·저술가 등 글을 써서 생활을 영위하는 모두의 문제다.

　　2016년에 30대 여성 저술가 K가 나에게 개인적인 메시지를 보내왔다. 『나는 지방대 시간강사다』를 잘 읽었다는 것이었다. 내가 감사를 표하자, 그는 곧 맥도날드에서 노동하는 것이 어떠했는지를 물어왔다. 계속 저술 활동을 하고 싶지만 지역건강보험료를 내는 것이 버거워서 방법을 찾는 중이라고 했다. 그 책에는 내가 대학에서 강의하면서 맥도날드 노동으로 건강보험을 보장받은 것이 중심 서사로 등장한다. 그래서 나는 '한 사업장에서 월 60시간 이상 일하면 직장건강보험을 보장받을 수 있다'고 답해주었다.

　　맥도날드가 아니라도 대한민국의 모든 사업장이 그 제도의 적용을 받는다. K는 무척 훌륭한 책을 출간해 이런저런 주목을 받고 있었다. 온라인서점의 판매지수로 미루어 보아 2만 부는 팔지 못한 것 같지만, 그래도 그의 책은 각종 서점의 순위권에 있었다. 나도 그의 책을 읽었고 그가 계속 글을 써주기를 바라던 참이었다.

K가 맥도날드나 어느 사업장에서 월 60시간 이상의 육체노동을 시작했는지는 잘 모르겠다. 분명한 것은, 주목 받는 30대 저술가인 그 역시 '가난하다'는 것이다. K도 자신의 생활고에 대해 토로했지만, 최영미 시인만큼 화제가 되지는 못했다. 다만 주변 지인들의 열없는 위로를 받았다.

가난을 강요받는 삶

전업으로 글을 쓰는 시인과 소설가뿐만 아니라 번역가, 연구자, 저술가, 음악을 하는 이들도 미술을 하는 이들도 대개는 가난하다. 물론 각 분야에서 부와 명성을 얻은 이들은 존재하고 다행히 대학과 같은 기관에서 정규직 자리를 얻어 안정적으로 교육과 연구, 창작 활동에 매진하는 이들도 있다. 그러나 그것은 대단히 일부일 뿐이다. 이름 없는 창작자들의 생계는 가혹하다.

내가 가장 잘 알고 있는 것은 '젊은 연구자'들의 가난이다. 그간 수차례 글로 써온 것이기에 굳이 반복하지 않겠지만, 그들이 '가난을 강요받는 삶'을 살아가고 있음을 강조하고 싶다.

2017년 봄, '나는 지방대 시간강사다'라는 키워드를 검색하다가, 「앞으로의 인문학과 고전의 과제」라는 글에 이르렀다. 2016년 서울대학교 교육상을 수상한 L 교수의 인터뷰를 담은 것이었다. 대학원생들이 그를 찾아가 '인문학과 고전'이라는 키워드로 이것저것을 물었다(그중 14번째 문항이 "대학원 생활과 관련하여 『나는 지방대 시간강사다』라고 하는 책이 있습니다. 그만큼 어려움을 토로하고 있는데 이에 대해 어떻게 생각하시는지요" 하는 것이었다). 나는 그 내용을 따라가다가 내가 왜 가난할 수밖에 없었는지를, 우리가 왜 가난할 수밖에 없는지를 곧 깨달았다.

> 정말 속상한 일입니다. 직업으로서의 대학원생에 대한 국가적인 지원이 많다면 정말 좋을 것입니다만 지금은 그렇지 못한 현실입니다. 하지만 지금도 대학원에 다니면서 자기 혼자만 책임져야 한다면 어지간하면 버텨낼 수 있는 제도가 많이 나아졌습니다. 즉 혼자 사는 것만 치면 박사까지 다 할 수 있습니다. 그런데 자기가 그 이상을 책임져야 한다면, 그 이상의 알파가 필요하고 그래서 더욱 힘듭니다. 『맹자』를 보면 이런 이야기가 있습니다. '천장강대임어시인야天將降大任於是人也', 즉 하늘이 어떤 사람에게 장차 큰 임무를 맡기고자 할 때에는 먼저 그의 온몸을 피곤하게 하고 마음을 괴롭히고 하고자 하는 것을 자꾸 못하게 합니다. 어그러지게 만들고 그 속에서 자기 심지를 더 굳게 하고 나중에 결국 큰일을 해나갈 수 있게 만든다는 말입

니다. 마음을 굳게 먹고 시작해야 한다고 봅니다. 욕심 버리고 자기의 뜻을 굳게 가지는 것이 가장 필요하다는 것입니다. 저도 경제적 여유가 없이 대학원을 다닌 사람으로서 학생들을 보면 그 점이 항상 안타깝게 생각하고 있습니다.……

저는 대학원 다닐 때나 교수로서 살아가는 지금이나 경제적으로는 넉넉한 편이 못 됩니다. 그래서 대학원을 들어가면서 가졌던 계산법이 있습니다. 분수에서 분모와 분자가 있는데 분자를 크게 키우면 답이 커집니다. 그런데 분모를 확 줄여도 답이 커집니다. 수입을 늘려서 사는 방법도 있지만 안 쓰고 사는 방법도 있습니다. 그래서 저는 공부를 한다고 생각하는 순간, 분모를 최대한 줄이고 살자고 생각했습니다. 즉 자기 욕심을 버리는 것입니다.

다음으로는, 우리에게는 해야 할 일이 너무 많습니다. 학생들도 그렇지만 교수들도 그렇습니다. 교육도 해야지, 연구도 해야지. 지금 저처럼 보직하고 행정도 해야 하는데 다 하고 살 방법이 없습니다. 그럼에도 최대한 해내야 합니다. 그러면 아까 첫 번째 분모를 줄이자 했는데, 둘째는 부지런할 수밖에 없습니다. 남들보다 잠도 조금 자고, 일찍 일어나고 그렇게 사는 수밖에 없습니다. 이 두 가지가 교수를 하면서 제가 지키고자 하는 원칙입니다. 그 두 가지를 지키자. 그렇지 않으면 사욕이 생기기 시작합니다. 내가 내 것을 챙겨야 되거든요. 그러면 거기에서부터 나태하거나 부정한 마음이 싹틀 수 있습니다. 맹자가 한 이야기에 '양심막선어과욕養心莫善於寡慾'이 있습니다. 마음을 기르고 지켜나가는 데 있어서 욕심을 줄이는 것만큼 좋은 것이 없습니다. 그게 필요하다고 느꼈습니다. 부지런해야 되고 욕심을 줄여야 되고 그게 최고입니다. 공부하는 사람들한테, 특히 대학원 이상 다니려면 욕심을 줄여야 되고 부지런해야 됩니다. 개인적으로 본다면 이것이 방법일 수 있다고 생각합니다.

젊은 연구자, 말하자면 자신의 제자들을 바라보는 L 교수의 눈길은 애정 어린 것이었다. 자기 고백을 통해 서로의 처지를 동일시하면서 고전의 해석까지 곁들인 대안을 제시해주었다. 그런데 나는 이 글을 읽으며 분노가 일었다. 우선 L 교수는 '맹자에 따르면 하늘이 어떤 사람에게 장차 큰 임무를 맡기고자 할 때에는 그를 괴롭히고, 하고자 하는 것을 못하게 한다'는 내용으로 서두를 열었다. 그러나 제자들이 대학원 구조 안에서 겪는 생계의 어려움을 '하늘의 뜻' 정도로 해석하는 것은, 그들에 대한 애정이라기보다 외면이다.

나는 고전을 전공한 사람이 아니지만, 맹자가 이 문장을 본다면 "그런 데 쓰라고 한 말이 아닌데"라고 반응할 것만 같다. 게다가 그 '어려움'이라는 간단한 단어에는 수만 장의 자료 스캔을 지시했다는 이른바 '서울대 팔만대장경 스캔 노예 사건'과 같은,

그가 당사자가 될 갑을관계 역시 포함되어 있다. '교수로 살아가는 지금도 넉넉한 편이 못 됩니다'라고 하는 데에는 굳이 말을 보태고 싶지 않다. 정규직 교수는커녕 비정규직 강사를 상상하기도 힘들어진 제자들에게 그러한 동일화를 시도하는 것은 오히려 역효과를 낼 수밖에 없다.

무엇보다도 L 교수는 '공부하는 사람들은 욕심을 줄여야 하고 부지런해야' 한다고 했다. 그는 자신의 제자들을 '욕심쟁이'로 만들었다. 글쎄, 그들이 얼마나 많은 욕심을 부렸는지 잘 모르겠다. 프랜차이즈 카페에서 매일 '오늘의 커피'라도 사서 마셨을까? 학생식당 백반을 먹지 않고 대학 바깥으로 나가 정식 메뉴라도 선택했을까? 이름도 생소한 페일 에일Pale Ale 같은 맥주를 즐기기라도 했을까? 아니면 쉽게 넘봐서는 안 되는 결혼과 출산, 육아에 아무런 대책 없이 이르렀을까?

이 대목에서 많은 상상을 하게 된다. L 교수는 "혼자 사는 것만 치면 박사까지 다 할 수 있"다고 말했다. 그것은 곧 인문학 박사학위를 취득하는 30대 후반에 이르기까지 인생의 어느 단계를 밟아가기를 포기하라는 말과 같다. 돌이켜보면, 박사과정 수료생들이 모인 어느 술자리가 떠오른다. 절반은 유부남이었던 그 자리에 제대로 혼인신고를 한 이들이 별로 없었다. 건강보험을 부담하기가 겁나 신고를 미룬 것이다. 그렇게 유령처럼 자신의 존재를 숨겨야 하는 이들이 그 자리에 앉아서 인문학을 이야

기하고 있었다. 그때 나는 문득, '이 집단이 제대로 된 집단인가'
하는 의문이 들었다.

L 교수뿐 아니라 '공부하는 사람들' 내부에서는 끊임없이 욕심
을 버려야 하고 결혼과 출산 등도 미루어야 한다는 자기검열이
재생산되고 있다. 결국, "너희는 가난해야 한다"는 것이다. 이러
한 서사는 학계는 물론이고 제도권 바깥에서 창작을 하는 모든
이에게 가서 닿는다. 외부보다도 내부에서 확장되는 이러한 검
열이 오히려 무서운 법이다. '나는(여기는) 잘못되지 않았다'라는
환상에 빠져 모순된 제도를 옹호하거나 강화하고 자신을 끊임없
이 착취하게 한다. 가난해도 괜찮거나 가난해야 한다는 강박. 나
는 이것이 그들을 가난하게 만드는 가장 큰 이유라고 믿는다.

느슨한 연대

『우리는 왜 공부할수록 가난해지는가』의 저자 천주희를
만난 적이 있다. 반갑게 인사를 나누고, 우리는 곧 대학원생들의
현실에 대해서 이야기했다. 그는 연구자이면서 동시에 연극 연
출을 하는 극작가이기도 했다. 그는 연구자뿐 아니라 모든 독립
예술가가 4대 보험을 보장받을 수 있어야 한다고 말했다. 글을
쓰고, 그림을 그리고, 노래를 한다는 이유만으로도 국가가 최소
한의 사회적 안전망을 보장해야 한다는 것이었다. 나는 그러한
'급진적'인 상상을 그동안 해본 적이 없었다. 고작해야 대학의

조교들에게 그 노동시간에 준하는 근로기준법을 적용해야 한다는 정도였다. 그러나 그는 조금 더 멀리 내다보며 큰 그림을 그리고 있었다.

천주희는 어떤 형태로든 '조직'이 필요하다고 말했다. 연구자를 비롯한 독립예술가들의 연대를 의미하는 것이었다. 자신이 속한 집단뿐 아니라 비슷한 부류의 집단으로까지 시야를 넓히는 그에게, 나는 큰 감명을 받았다. 사실 어렵겠으나 안 될 것도 없는 일이다. 우선은 그가 말했듯이 조직이 필요하고, 그다음부터는 기준을 만들고 합리적인 제도를 제안할 수 있을 것이다. 그러한 움직임은 적어도 여기에 누군가가 있다는 외침이 될 것이고, 결국 자신의 삶을 바꾸는 가장 큰 동력이 될 것이다.

나는 그 만남 이후 '천주희'라는 이름을 기억하기로 했다. 그와는 서로의 인식을 공유하고 연대하고 싶다. 그는 언젠가 '느슨한 연대'를 주장했다. 평소에는 잘 알 수 없지만 어떤 일이 있어 잡아당기면 비로소 팽팽해지는, 느슨하지만 결국 연결되어 있는, 그래서 곧 만날 수 있는 그러한 관계가 있다. 나는 그와 느슨하지만 긴밀한 끈을 서로 붙잡고 있다고 믿는다. 결국 인식과 제도의 문제다. 굳이 선행과 후행을 따지자면, 제도가 그 앞에 와야 할 것이다.

다시 최영미 시인으로 돌아와서, 나는 시인·소설가·번역가 등 글 쓰는 이들을 위해 국가와 지방자치단체에서 많은 일을 할 수 있다고 믿는다. 지금도 국·공립 도서관에서는 작가들을 초빙해 강연회를 연다. 나도 몇 번 초대를 받았고, 그것은 그런대로 가족의 생계에 도움이 되었다. 그러나 초대를 받는 작가는 많지 않다. 괜찮은 책을 한 권 쓴다고 해도 그것으로 주목을 받는 기간은 길어야 1년이 넘지 않는다. 그러니까 더 근본적인 대책이 필요하다.

최근 조금씩 논의되고 있는 '공공대출권Public Lending Right'은 하나의 해답이 될 수 있다. 공공대출권은 도서관 대출 도서에 대해 국가가 일정한 저작권료를 지불하는 제도다. 1946년 덴마크에서 처음 도입한 뒤 경제협력개발기구 32개국 중 독일, 영국등 26개국에서 시행하고 있다. 일본에서도 관련 논의가 진행 중이라고 한다. 이러한 정책들을 계속 고민해야 한다.

대학의 연구자, 정확히는 박사과정 수료생으로 지내던 내 경험을 들어보자면, 한국연구재단 홈페이지에 들어가 보고는 '이건 아닌데' 싶은 마음이 들었다. 연구자를 지원하기 위해 만들어진 그 재단에서 나를 위한 지원책은 전무했다. 박사학위를 취득해야 최소 조건에 부합하고 지원을 신청할 수 있었다. 나는 그때 단순히 돈을 구걸하기 위해 재단 홈페이지를 찾았던 것이 아니다. 연구를 하고 있었고, 내가 단독으로 연구책임자가 되어 수행할 수 있는 자유연구과제가 있을까 궁금했다.

그러나 박사학위를 취득하지 못한 연구자들에게는 단독 연구

를 수행할 자격이 없었다. 나와 닮은 '수료생'들은 정규직 교수
가 수행하는 정해진 과제에 이름을 올리고 보조 연구자로만 존
재해야 했고, 그게 싫거나 그나마 기회도 얻지 못한 이들은 서울
시나 관공서에서 공모하는 연구과제를 신청했다.

　나는 '한국 근대문학의 형성과 기독교의 역할'을 연구의 주
제로 잡고 계속 논문을 썼다. 딱히 업적을 남기지는 않았지만,
1910년대 후반 동인지 문학의 형성에 기독교 매체가 어떠한 역
할을 했는지에 대해서는 이전 연구에 없던 몇 줄을 더했다(고 생
각한다). 그래서 생각난 것이 '교회'였다. 대형교회 몇 군데에 "나
는 기독교 문학을 연구하고 있는 문학 연구자이고, 당신들이 나
의 연구를 지원해준다면 한국 근대문학의 형성 과정에 기독교
가 어떠한 영향을 미쳤는지를 이전과 다르게 규명하겠다"는 내
용의 이메일을 썼다. 그러고 보니 이미 몇 년 전에 나는 지금의
최영미와 같았다. 내가 그들에게 제시한 금액은 월 50만 원이었
다. 그보다 많은 액수를 써넣을 엄두가 나지 않았고, 그보다 적
게 쓰자니 보내지 않는 것이 나을 것 같았다.

　나는 그때 1890년대의 『죠션크리스도인회보』부터 시작해
1930년대에 이르기까지 대표적인 기독교 매체를 많이 읽었고,
그것을 '알레고리 서사', '문학의 자율성', '청년' 등의 키워드로
다시 정립해보고자 했다. 그러나 이메일을 쓰고도 결국 발송하
지는 않았다. 이럴 시간에 논문이나 한 줄 더 쓰자, 하고 쓰게 웃

고 말았다. 교회에 다니는 지인들은 "잘했어, 어차피 지원 안 해 주었을 거야"라고 말했다. 거기에는 나도 동의한다. 다만 '떨어 져도 좋으니 한국연구재단에 연구 계획서를 넣을 기회가 있었 다면 좋았겠다' 하고 생각했다.

제도라는 것은 가장 위부터 아래까지 균등하게 닿아야 한다. 그러나 오히려 그 적용이 절실한 이들을 위한 제도는 제대로 마 련되어 있지 않다. '신진 연구자'로 규정되는 것도 박사학위 취 득 이후부터다. 연구자 집단에서 '수료생'들은 가장 혹독한 시기 를 견뎌낸다. 그것을 L 교수의 말마따나 '하늘이 준 어려움'이라 고 해석하는 것은 몹시 비겁한 일이다. 내 후배들에게는 교회가 아닌 한국연구재단에 자신의 연구 계획서를 보낼 기회가 생기 길 바란다. 그들을 위한 지원책이 절실하다.

우리시대 시인의 가격

최영미 시인은 '아만티호텔' 사건을 통해 우리시대 시인 의 가격을 상징적으로 보여주었다. 시인의 낭송뿐 아니라, 그 어 떤 창작의 값어치가 파워블로거의 '한줄평'보다도 힘을 갖지 못 하는 시대다. 어쩌면 그는 '아만티호텔'이라는 신작 시를 발표 한 것이다. 그 시는 그가 혼자 쓴 것이 아니라, 자신도 모르는 사 이에 독자가 되고 나아가 저자가 된 평범한 우리가 함께 써냈다. 예컨대 포털사이트에서 '최영미, 아만티호텔'을 검색하면 나오는 흔한 기사들 중 어느 하나에 달린 댓글의 순차적인 반응은 다음과 같다. "뻔뻔하다", "유명한 시인이 아니잖아", "당신의 잔치는 끝났다".

글쎄, 나는 그가 뻔뻔하다고는 생각하지 않는다. 그것은 강자가 약자에게 거절할 수 없는 제안을 할 때나 쓰는 표현이다. 최영미 시인이 유명하지 않음을 문제 삼는 이들에게는 윤동주와 김소월 말고, 지금 대한민국에서 시를 쓰는 유명한 시인의 이름을 셋만 대보라고 말하고 싶다. 그들이 각 세대에서 빛나는 시를 쓰는 몇몇 시인의 이름을 댈 수 있다면 내가 사과할 것이다.

'아만티호텔'의 후반부는 최영미 시인의 '해명'으로 채워졌다. "이번 사태로 새삼 깨달았어요. 한국 사람들은 울 줄은 아는데, 웃을 줄은 모르는 것 같네요. 행간의 위트도 읽지 못하고." 거기에 그치지 않고 그는 방송에 나와서 직접 해명했다. 나는 그가 당당하게 "아만티호텔뿐 아니라 수영장이 딸린 특급 호텔의 사장님들, 연락주세요"라고 말하기를 바랐지만, 그는 자신의 생활고와 더불어 그것이 농담이었다고만 밝혔다. 그래서 나는 TV에 등장하는 우리시대의 시인 한 사람을 바라보며 몹시 서글퍼졌다.

신작 시 '아만티호텔'을 낭만으로 해석한다면, 최영미 시인의 말마따나 우리는 아직 웃을 준비가 되어 있지 않은 모양이다. 그 낭만에 돈을 지불할 의사는 더욱 없다. 많은 이가 자신이 아니라 타인의 주머니가 열리는 모습을 보는 것조차 참을 수 없다는 태도를 보인다. 이러한 크고 작은 반응 역시 새로운 시가 담아낸 한국 사회의 모습이다. 왜 가난할 수밖에 없는지, 어떻게 가난하게 만드는지, 그 가난의 모습이 여기에 모두 담겨 있다.

책을 둘러싼
모험

책은 '쓰는' 것인가, '만드는' 것인가?

2015년 11월에 『나는 지방대 시간강사다』라는 첫 책을 냈고, 그 이후 계속해서 글을 쓰고 있다. 이전에는 논문 게재를 위한 글만 거의 썼지만, 대학에서 나온 후 2년 동안은 단행본 출간을 위한 작업을 주로 했다. 2016년 11월에는 『대리사회』를, 2017년 9월에는 『아무튼, 망원동』을 출간했고(그 이후 『고백, 손짓, 연결』과 『훈의 시대』를 출간했다), 지금도 몇 권의 단행본 계약 날짜를 맞추기 위해 글을 쓴다.

그것만으로는 가족의 생계를 책임질 수 없으니 이런저런 노동을 하고 있지만 우선은 '전업 작가'다. 글을 써야 하고 책을 팔아야 한다. 그런데 언젠가부터 책은 '쓰는' 것이 아니라 '만드는' 것이라는 인식이 강해졌다. 여러 편집자를 만나면서부터다. 쓰는 일은 책을 만드는 작업의 중요한 일부일 뿐이다.

대학에서 연구하는 동안 학위논문이 약간의 편집만 거쳐 단행본으로 출간되는 것을 지켜보면서, 지식의 생산은 오로지 대학 연구의 영역에서 이루어지고 출판사는 그 유통을 담당할 뿐이라고 막연히 짐작했다. 그것은 하나의 자부심으로 이어졌는데, 연구자 집단에 소속되어 있다는 것이 지식 생산의 최전선에서 있는 것처럼 인식되었기 때문이다.

나야 물론 간신히 1년에 한 편 정도 소논문을 써내고 그것이 별다른 반향을 불러오지도 못하는 평범한 연구자였지만, 언젠가는 지식 생산의 장場에 기여할 수 있을 것이라고 기대했다. 여기에 동의하는 사람도 있고 이것을 오만함으로 규정하는 사람도 있겠지만, 대학 연구실에서 논문만 읽고 써온 젊은 연구자들의 형편이 대개 비슷하지 않았을까 한다.

대학에서 내 논문의 편집자는 지도교수와 동료 대학원생, 시간강사들이었다. 석사학위논문 심사가 끝나고 나의 지도교수는 논문 가제본의 군데군데에 포스트잇을 붙여 어색한 문장이나 부호의 위치 같은 것의 교정을 제안해주었다. 주변에서는 '이렇게까지 자상하게 살펴주는 지도교수가 어디 있겠나' 하고 나에게 부러운 눈길을 보냈고, 나도 비슷한 심정이었다. 민망하고, 고맙고, 죄송한, 그런 감정이 뒤섞였던 기억이다.

학위가 인준되고부터는 소논문을 썼고, 월례 발표회나 세미나 같은 내부의 시스템에서 '편집'이 이루어졌다. 연구 방향을 제안하는 데서부터 비문을 지적하는 데까지, 서로의 논문을 애정을 가지고 바라보았다.

그러나 이것은 무척 이상적인 모습이고, 논문을 쓴다는 것은 1인출판과 비슷하다. 지도교수가 그렇게 꼼꼼하게 교정을 제안하는 일은 거의 없고 동료들과의 상호 검토 시스템이 제대로 마련되기도 힘들다. '도제식 관계'라는 것은 전혀 규격화되어 있지 않으며 그래서 대학이나 학과마다, 연구실마다 복불복이다. 내가 논문을 쓰는 데 그럭저럭 운이 좋은 환경에 있었을 뿐이다.

대학에서 나와 글을 쓰며 맞이한 가장 큰 변화는 나의 글에 '편집자'가 깊이 개입한다는 것이다. 편집자란 논문을 가져가서 책으로 엮는, 그러한 역할을 한다고 여겼던 나로서는 무척 새로운 경험이었다. 출간한 책이 3권이라고 해서 단순히 3명의 편집자만 만난 것이 아니라 추가로 계약한 단행본의 편집자들, 그리고 우연한 기회로 관계를 맺게 된 이들까지 10여 명의 편집자와 대면할 기회를 가졌다. 그러면서 작가와 출판편집자는 책 한 권을 만들면서 어떠한 역할을 수행해야 할까 하는 것을 고민하게 되었다. 그리고 작가, 출판편집자, 독자의 관계에 대해 생각해보게 되었다.

초보 작가와 편집자

작가와 편집자의 관계에 대해서는 고민해야 할 일이 계속 있었다. 내가 만난 편집자마다 자신의 역할에 대해서 선을 긋는 방식이 조금씩 달랐고 편집 스타일도 달랐다. 첫 편집자인 A에게 단행본 원고를 보내면서는 교정할 데가 별로 없을 것이라고 생각했다. 나는 대학에서 글쓰기를 몇 년 동안 가르쳐왔고 글을 쓰면서 기본적인 교정을 스스로 하는 데 익숙해져 있었기 때문이다.

그러나 A는 적어도 50군데가 넘는 교정 제안을 보내왔다. 그는 무척 꼼꼼한 편집자였다. 쉼표 하나를 생략하거나 이동하는 데도 메모를 해두고 나에게 의견을 물었다. "이 쉼표는 삭제해도 괜찮을까요, 이 부분에서는 없는 것이 더 나을 것 같아요" 하는 식이었다.

어느 문장에는 "이 단어는 논란이 될 수도 있을 텐데 다른 것으로 대체해주시면 어떨까요, 저는 이런 것을 제안 드려요" 하고 밑줄을 그어두기도 했고, 인상적인 문장은 따로 빼서 붉은색 표시를 해도 될지 묻기도 했다. 오탈자가 없으면 바로 인쇄에 들어갈 수 있을 줄 알았는데 그런 게 아니었다.

그래서 『나는 지방대 시간강사다』의 '감사의 말'에 "한 권의 책을 만들기 위해 이처럼 여러 사람의 손길이 오가는 줄 이전에는 미처 몰랐다"라고 굳이 적었다. 니는 "제인해주신 난어가 휠

씬 더 좋네요" 하는 식으로 A의 의견을 거의 받아들여 첫 번째 책을 출간했다.

두 번째 편집자인 B는 내 문장에 거의 손을 대지 않았다. 각 에피소드가 책의 한쪽 면에서 시작되도록 분량을 줄이거나 늘려달라는 요청 말고는 거의 없었다. 물론 교정본을 주고받으며 '3교'의 과정을 거쳤고 오탈자뿐 아니라 어색한 부분들이 조금씩 수정되었다.

세 번째 편집자인 C는 내용의 50퍼센트 정도를 들어내고 다시 쓰기를 원했다. "언짢으실지 모르지만……"으로 시작하는 이 메일은 과거 학회지에 논문을 투고하고 '수정 후 게재' 판정을 받은 심사평보다도 가혹했다.

"작가님의 페이스북 친구들이라면 재미있게 읽을 것 같습니다"라는 내용에서는 '아니 뭐 이렇게까지' 하는 심정이 되기도 했다. 그러나 편집자의 요청을 충실히 받아들여 수정본을 보냈다. 다만, C는 이후 오간 교정본에서 내 문장을 임의대로 여러 군데 고쳤고 따로 표시를 해두지 않았다. 예컨대, 나는 명사형 어미로 문장이 종결되는 것을 무척 싫어하고, "……이리라" 하는 어미 표현도 쓰지 않는다.

대화체를 표현할 때면 뒤의 조사를 그 문장의 가독성에 따라 넣거나 뺀다. 그런데 내 문장들을 국어책에 나올 법한 모범적인 것들로 바꾸었다. 무언가 노교수의 수필집이 연상되기도 했다.

그래서 원고를 읽으면서 내가 받아들이기 힘든 부분들만 "저는 이런 표현을 쓰지 않습니다" 하고 부연해서 다시 교정해 보냈다. 출간된 책을 보니 내가 교정 과정에서 골라내지 못한 몇몇 문장이 남의 것처럼 부유하고 있어서 빠르게 책장을 넘겼다.

A와 B와 C의 편집 스타일은 이처럼 달랐는데, 무엇이 더 좋고 나빴다고는 단정 짓기 어렵다. 저마다의 성격과 출판사의 방침 등 사적이고 공적인 나름의 이유가 작용했을 것이다. 나는 고정된 객체로서 연달아 맞이해야 했던 각각의 편집자에게 잘 적응이 되지는 않았지만 굳이 이렇다 저렇다 토를 달지는 않았다. 제안 받은 것들을 대부분 수용했고 눈에 띄는 문장 수정에 대해서만 재교정 요청을 보냈다.

이것은 내가 편집과 출판의 생태계에 대해서 전혀 모르는 '초보 작가'였기 때문이기도 하고, 아는 길도 내비게이션이 돌아가라 하면 돌아가는 종류의 인간이었기 때문이기도 하다. A와 B와 C는 출판에 대해서는 나보다 훨씬 '전문가'였고, 어떻게 해야 더 매력적인 책이 될지에 대해서도 나보다 잘 알고 있을 것이었다.

작가와 편집자, 어디에 선을 그어야 할까?

이 글을 쓰게 된 계기는 사실 얼마 전 지켜본 편집자와 작가 사이의 불화 때문이다. 내가 그 당사자는 아니고 공저자로 참여하는 이가 편집자의 교정 방식에 대해 문제를 제기했다. 문장을 무단으로 바꾸었는데 그게 무척이나 형편이 없으며 이것은 저자들을 무시하는 처사라는, 그러한 내용으로 단체대화방에서 말했다. 몇몇 저자가 자신의 교정지를 확인하고는 바뀐 문장들이 있고 따로 교정 표시도 되어 있지 않다며 그에 동조했다.

나는 교정지를 확인하는 과정에서 딱히 문제될 부분이 없다고 판단했지만, 몇몇 저자는 그렇지 않았던 모양이다. 특히 처음 문제를 제기한 작가는 편집자에게 직접 그 감정을 쏟아냈다. 이후에 감정적으로 오간 여러 내용을 굳이 여기에 옮기고 싶지는 않다. 여기에는 방식의 문제뿐 아니라 서로의 역할이 상충하는 문제, 상대방에 대한 배려와 존중의 결여, 그런 것이 복합적으로 작용했다.

문제를 제기한 작가는 편집자가 자신의 문장에 손을 댔다는 사실, 그 자체에 불만이 있었다. 교정을 보고도 교정지에 어떤 표시를 해두지 않았다는 데에 이르러서는 더욱 그랬다. 그는 자신의 글에 대한 자존감이 무척 높았다. 그러나 책임편집자 역시 편집은 자신의 영역이라고 분명히 믿고 있었다. "감히 내 글을 건드리다니" 하는 감정과 "그것은 편집자의 영역"이라는 감정이 서로 부딪혔다. 아마도 이것은 작가와 편집자 사이의 해묵은 딜레마일지도 모른다.

나는 여기에서 쉽게 누구의 편을 들 수가 없었다. 나로서도 그 '적당한 선'을 제대로 긋기가 힘들기도 하고, 앞에서 언급했듯 그 외의 문제들이 상충하고 있었다. 다만, 이 경험은 나에게 그 관계에 대해 더욱 깊이 고민하게 만들었다. 그렇지 않아도 여러 편집자를 만나며 내가 그어야 할 선은 어디일까 하는 문제가 늘 걸렸다.

글을 쓰는 동안 단행본 출판편집자들뿐만 아니라 각종 일간지나 주간지·월간지의 편집자들과도 인연을 맺었다. 사실 불화 비슷한 것이 일어나는 쪽은 책보다는 오히려 잡지 쪽이었다. 우선 일간지 A사의 편집자는 내가 보낸 글을 문장부호를 생략하는 정도로만 교정했고, 분량이 넘치거나 부족한 경우에만 그것을 조절해달라고 요청했다. 발행을 앞두고는 '대장臺狀(신문과 전단 인쇄에서, 한 면을 조판한 뒤에 교정지와 대조하기 위해 간단하게 찍어 내는 인쇄용지)'을 보내서 이대로 내보내도 될지를 다시 물었다.

그러나 주간지 B사의 편집자는 우선 내가 보낸 제목을 그대로 둔 일이 거의 없다. 제목은 물론이고 없던 소제목을 만들어서 계속 넣었다. 그래서 나중에는 원고를 보내면서 "고쳐주시는 제목이 더욱 좋네요, 제목은 임의대로 바꾸어 주셔도 좋습니다" 하고 부연하기도 했다. 사실 늘 교정된 제목이 좋았던 것은 아니고 그것이 비문이 되어 발행 후 인터넷판의 재교정을 요청한 일도 있다.

그리고 어느 날 발행된 글을 읽는데, 이건 나의 글이 아니었나. 마지막 문단의 7행 가까이를 모두 맥락 없이 잘라낸 것이다.

거기에 핵심 내용이 담겨 있기도 했고 도무지 이해가 가지 않았다. 그래서 전화를 해서 이유를 물었다. 편집자는 자신이 휴가를 다녀온 사이에 벌어진 일이라며, 아마도 분량 때문에 그랬을 텐데 인터넷 기사에서는 결론부를 추가하겠다고 했다. 사실 계속된 예고 없는 교정으로 불만이 쌓여 있던 나는 편집자에게 이런저런 아쉬운 말을 내뱉었다.

　이전에 교정을 요청했던 건도 처리가 되지 않았고, 이처럼 문장이 아닌 문단 단위로 사전 고지 없이 편집이 이루어지는 것도 이해할 수 없다는 내용이었다. 편집자는 난감한 목소리로 '네네, 이해해주십사 합니다' 하고 말했다. 전화를 끊고서는, 여러 명의 필자를 담당해야 하고 주 단위로 발간이 이루어지는 주간편집자에게 물리적으로 무리한 요청을 한 건가, 그래도 문단을 통째로 삭제하는 건 받아들일 수 없는데, 하는 여러 복잡한 감정이 들었다.

　결국 작가로서는 글에 손을 덜 댔으면, 하는 감정이 드는 것은 어쩔 수가 없다. 그러나 그러한 글에 대한 '부심'은 작가의 미덕으로 여겨지기도 하지만 종종 편집자의 자리를 지워버린다. 세 번째 책의 편집을 맡은 편집자 C와 술자리를 갖다가 "제가 을이잖아요"라고 농담을 건넨 일이 있다. C는 그 말을 듣더니 무척 억울한 표정으로 말했다. "아녜요! 작가님이 갑이고 저희는 을이죠, 을. 그리고 계약서에 봐도 작가가 갑, 출판사가 을, 이렇게 되어 있어요. 확인해 보세요!"

사실 계약하면서 제대로 계약서를 본 것도 아니고 해서 누가 명목상의 갑이고 을인지는 잘 몰랐다. 옆에 있던 다른 편집자도 끄덕끄덕 고개를 끄덕이는 것을 보니, 아무래도 작가가 갑으로 명시되어 있는 것은 맞고 굳이 위계를 나누고자 해도 그럴 모양이었다. 무언가 나와 편집자 사이에 깊은 강이 흐르는, 잠시 그런 기분이 되었다.

그러나 서구에서는 작가와 편집자의 관계가 끈끈한 모양이다. 출판사보다는 한 사람의 편집자가 한 작가와 계속 작업을 하는 출판 생태계가 구축되어 있다. 그래서 책의 표지 다음 어느 한 사람에게 보내는 한 줄 남짓한 '감사의 문구(헌사)'를 적을 때, 편집자를 오랜 친구나 조력자로 명명하는 일이 흔하다. 물론 그런 문구를 아예 생략하거나 가족을 등장시키기도 하지만, 나에게는 편집자의 이름이 들어 있는 책을 발견하는 것이 신선한 충격이었다.

『분노사회』를 쓴 정지우 작가는 얼마 전 페이스북에 (전체 공개로) "편집자와 작업을 하다 보면, 늘 내가 쓴 책이 내 것만이 아니라는 생각이 든다"라며, "책에는 저자의 이름과 프로필뿐만 아니라 편집자의 프로필도 들어가는 게 훨씬 합리적인 일이 아닌가 싶다"라고 썼다. 나는 여기에 동의한다. 나도 비슷한 내용의 글을 한 번 쓴 일이 있다. 어떤 목적을 가진 건 아니었고, 책을 쓰면서 편집자들의 수고를 보자니 자연스럽게 무언가 쓰고 제안하게 된 것이다.

'책'이라는 것은 단순히 글을 보내고 인쇄하는 단계로 넘어가지 않는다. 기획, 집필, 편집, 인쇄, 이 네 단계에 고루 관여하는 사람이 편집자이고 책을 '만드는' 노동에서는 오히려 작가의 '쓰는' 노동보다도 많은 지분을 갖게 된다. 그래서 나는 책의 표지에 단순히 '글/김민섭' 하는 것이 아니라 '글/김민섭, 편집/A' 하는 식으로 아예 따로 표기하기를 제안한다(2012년 4월에 출간된 『김수영을 위하여』 표지에는 '강신주 지음, 김서연 만듦'이라고 표기해 책임편집자의 이름을 드러냈다). 편집자의 프로필에는 그가 편집한 단행본 중 대표작들을 함께 나열하면 독자들의 선택권 역시 더욱 확대될 것이다.

특히 온라인서점들 역시 편집자의 노동을 좀더 눈에 띄게 만들어야 한다. 예컨대, 작가의 이름을 클릭하면 그 작가의 출간 목록을 한눈에 볼 수 있고 '신간 알림'까지 받을 수 있는데, 그것은 동일하게 편집자에게도 적용 가능하다. 이것은 편집이라는 노동의 발견과 함께 출간되는 책의 질적 향상에도 기여할 수 있다. 더욱 책임감을 갖고 좋은 책을 만드는 기제가 될 것이기 때문이다.

독자는 작가의 삶의 궤적을 좇는다

비평의 관점에서 독자와 작가는 상호의존적 관계로 이해된다. 독자는 단순한 수용자가 아니라 작품의 (재)생산에 기여하는 존재라는 것이다. 사르트르는 이를 두고 두 주체가 서로 '관용의 협약'을 맺었다고 말했다. 사실 독자가 작품의 생산에 기여하기에 그 어느 때보다도 간편한 시대가 되었다. 불과 1990년대까지만 해도 독자와 작가 사이에 소통이 일어나기란 무척 어려운 일이었다.

책의 뒷부분에 달려 있는 '독자엽서'를 보내는 일이 가장 보편적이고 적극적인 소통 방식이었다. 출판사를 거쳐 그것이 기약 없이 전달되는 것이다. 그러나 지금은 작가의 SNS에 댓글을 남기거나 메시지를 보내거나 하는 것으로, 더 직접적인 소통이 가능해졌다. 독자는 자신이 기대하는 바를 직접적으로 작가에게 요구하고, 작가는 좋든 싫든 거기에 영향을 받을 수밖에 없다.

물론 모든 작가가 그러한 '협약'에 동의하는 것은 아니다. 2016년 봄에 소설가 K와 함께 대담을 한 일이 있었다. 그는 문단의 주목을 받는 젊은 작가였다. 청중으로 참여한 독자가 그와 나에게 각각 "독자의 요구에 따라 글의 내용을 수정하실 생각이 있나요?" 하고 질문을 했다. 나는 이미 그러고 있다고 답하고는 K 역시 비슷한 답을 할 것이라고 짐작했다. 그러나 그는 "아니에요, 저는 그런 소통은 하고 싶지 않습니다"라고 했디. 질문을 한 독자뿐 아니라 그 자리에 함께한 여러 독자의 얼굴이 조금씩 굳어졌다.

그는 독자의 반응이 작품에 영향을 주어서는 안 되며 작품의 해석 역시 저마다 다를 수밖에 없음을 강조했다. 소설가는 주변에 흔들리지 않고 자신의 작품 세계를 만들어가야 한다는 말에 독자들은 박수를 쳤고, 옆에서 나도 박수를 치고 말았다. K는 여전히 좋은 작품을 쓴다. 그 역시 독자가 만들어낸 시대에서 자유로울 수는 없겠으나, 직접적인 소통으로 영향받는 일은 철저히 검열하고 있었다.

작가와 독자의 적극적 소통이 일어나는 지점으로 우선 독자가 쓰는 '서평'이 있다. 온라인서점, 포털사이트, SNS 등 여러 플랫폼에서 작가와 출판사는 그 책의 서평을 쉽게 검색해볼 수 있다. 그래서 과거의 독자엽서보다도 쉽게 작가에게 전달되고 영향을 미친다.

2017년 9월에 『아무튼, 망원동』이라는 에세이집을 내고서는 이전보다 자주 독자의 서평을 찾아본다. 책을 읽은 독자들이 자신의 고향 이야기를 조금씩 덧붙이는데 그것을 읽는 게 무척 즐겁다. 대개는 도시를 고향으로 감각하는 이들의 서사다. 그런데 "김민섭의 책이 잘 팔렸으면 좋겠다. 10쇄, 20쇄까지 나가도록 그랬으면 좋겠다"라는 문장으로 시작하는 서평과 마주했다. 고마운 마음에 계속 읽다가 나는 곧 복잡한 심정이 되고 말았다.

한 작가의 작품을 몇 년간 따라가다 보면 문득 이질감이 들기도 한다. 자취방에서 시작했고 실연의 상처에 허덕이던 작가가 강남과 백화점에 매장을 내고 명품 브랜드와 제휴한다거나 하는 부분에서 그렇다. 아, 이제는 공감할 수 없구나 하는 지점에서 그 작가와는 작별을 한다. 나만 알던 혁오가 무도에 나왔을 때 느끼는 기분 같은 걸까. 좀 유치하지만 아무튼 그렇다. 몇 년 전에는 성게군과 작별을 했고 최근에는 어쿠스틱 라이프가 위험하다.

언젠가 이 책의 저자 김민섭도 그렇게 될까. 망원동이 아닌 강남이나 더 과감하게 포르투갈에서 글을 썼다는 얘기를 들으면 기분이 묘해지겠지. 현대화된 망원시장을 마주친 저자의 기분과 비슷할 것이다.

그래도 김민섭의 책이 잘 팔렸으면 좋겠다. 아주 잘되면 약간 시샘하겠지만, 그래도. 그게 남들 다 빼고 저자 혼자 잘됐다는 증거가 아니고 나도 잘되고 있다는 지표였으면 좋겠고 나아가 다들 잘 살고 있다는 증거가 되면 좋겠다. 그러면 저 혼자 잘 먹고 잘사는 것 같은 저자를 두고 외로이 떠나는 독자의 이상한 젠트리피케이션도 멈출 것 같다.

서평에는 세 명의 작가가 등장한다. 나(『아무튼, 망원동』), 성게군(〈미린블루스〉), 난다(〈어쿠스틱 라이프〉)다. 이 서평은 셋뿐 아니

라 글을 쓰고 그림을 그리는 모든 작가가 눈여겨볼 필요가 있다. 작가를 선택한 독자는 그의 글뿐 아니라 삶의 궤적을 함께 좇는다. 책 한 권을 열없이 집는 데 그치지 않고 애정을 담아 작가의 글과 삶을 살피는 것이다. 그것은 한 시대를 작가와 함께 살아가고 있다는 동시성, 그러니까 '공감'에서 기인한다.

'성계군'은 디자이너 정철연이 2001년부터 2007년까지 자신의 개인 홈페이지에 연재한 웹툰 〈마린블루스〉에 등장하는 주인공이다(작가 자신을 캐릭터화했다). 일상을 일기 형식으로 담아낸 이 작품은 '웹툰'이라는 장르가 자리 잡는 데 많은 역할을 했다. 특히 '일상툰/일기툰'이 여기에서부터 가능성을 확인받았다고 해도 과언이 아니다. 〈마린블루스〉는 그 시기 젊은 세대 청년들에게 절대적인 지지를 받았다. 나와 친구들은 성계군이 어제 무엇을 했는지, 그러한 이야기를 나누며 대학 강의실로 들어갔다. 그것은 그의 서사가 그만큼 외로운 청춘들의 가슴에 가서 닿았기 때문이다.

지방 출신인 성계군은 연고가 없는 서울에 정착해 직장 생활을 시작한다. 회사에서 돌아오면 그를 맞이하는 것은 '외로움'이다. 대학 때문에, 직장 때문에, 그 무엇 때문에 고향을 떠나 홀로 살아가던 젊은 세대들은 성계군과 자신의 처지를 쉽게 동일시할 수 있었다. 별것 없는 결핍된 성계군의 모습에 평범한 독자들이 응답했다. 자신의 모습을 발견하고 공감하기 시작한 것이다.

의도했든 하지 않았든, 정철연 작가처럼 같은 세대의 '공감'을 이끌어내는 방식으로 이름을 알린 작가들이 있다. 조남주 작가의 『82년생 김지영』이 대표적이다. 또래 여성들의 열렬한 지지를 받았다. 1983년생 남성인 내가 그 모습에 있는 그대로 공감했다면 거짓말이겠으나, 적어도 김지영과 같은 시대를 공유해왔음을 알았다.

내가 '309동 1201호'라는 필명으로 쓴 『나는 지방대 시간강사다』라는 책도 젊은 세대에게 공감을 얻었다. 글을 연재하며 받은 여러 메시지 중에 "나의(우리의) 이야기를 해주어 고마워요" 하는 것들이 가장 기억에 남는다. 대학원생이나 시간강사뿐 아니라 평범한 회사원들에게서도 비슷한 내용의 무엇들이 왔다. 그러한 공감이 모여 한 사람의 작가를 만들어낸다.

외로운 작가의 처지에 공감하던 독자들은 이제 '사장님'이 된 그와 마주한다. 사실 성계군이 명품 브랜드와 제휴한다는 소식은 무척 반갑다. 그러나 이제 30대 중반을 막 넘어가고 있을 그의 독자들은 작가의 특별한 성공에 공감할 만큼 외로움과 결핍에서 벗어나지 못했다. 〈마린블루스〉 이후 〈마조 앤 새디〉라는 작품으로 다시 돌아오기는 했지만, 어느 단계를 훌쩍 넘어버린 성계군이 보내는 공감의 손짓은 더는 독자들에게 쉽게 가닿지 않는다.

시평을 쓴 독사는 "심빈섭도 그렇게 될까. 망원동이 아닌 강남이나 더 과감하게 포르투갈에서 글을 썼다는 얘기를 들으면 기분이 묘해지겠지"라고 덧붙였다. 강남의 맥도날드에서 커피 한잔을 시켜 두고 글을 써본 기억은 있다. 그런데 포르투갈이라니……. 리스본이라는 항구도시가 있다는 것만 알고 있는 국가다. 아직 해외여행을 가본 일이 없는 내가 문득 유럽의 어느 나라에 앉아 한가로이 커피를 마시며 글을 쓴다면 그것은 분명히 성공의 징표가 되겠다. 그러나 나의 작품을 따라온 독자들은, 망원동에 망리단길이 생기고 역설적으로 그와 작별하는 젠트리피케이션처럼, 다른 공감의 지점을 따라 이주할 것이다.

서평을 쓴 독자는 "그래도 김민섭의 책이 잘 팔렸으면 좋겠다"면서 그것이 "나도 잘되고 있다는 지표였으면 좋겠고 나아가 다들 잘 살고 있다는 증거"가 되면 좋겠다고 덧붙인다. 나는 이 부분에서 작가와 독자의 관계뿐 아니라 어느 시대를 살아가는 작가의 역할에 대해 깊이 고민하게 되었다. 작가의 성공이 오로지 그의 성공으로만 끝나서는 안 되는 것이다. 그를 견인하며, 혹은 받쳐주며 꾸준히 따라온 독자들에게 "우리는 여전히 함께 여기에 있다"는 동시성을 부여할 수 있어야 한다. 오랜 시간 작품을 따라온 독자들은 창작에 관여한 무수한 작가들이기도 하다. 혼자가 아니라 함께 잘되고 있다는 증거를, 작가는 계속 수집해야 한다. 홀로 시대에서 탈출해서는 안 된다.

사람들아, 책 좀 사라

2017년 10월 28일 『중앙일보』에 「아아, 사람들아 책 좀 사라」라는 칼럼을 썼다. 책이 안 팔리는 작가의 푸념 같지만, 이것은 내가 2016년에 어느 출판사에 가서 본 머그잔에 있던 문구다. 북스피어 김홍민 대표가 2014년 4월에 레이먼드 챈들러의 에세이 『나는 어떻게 글을 쓰게 되었나』를 펴내면서 이벤트의 일환으로 제작한 것이라고 한다. 알음알음으로 찾는 사람이 많아져서 이번에 아예 추가로 제작을 하고 있는 모양이었다.

서평뿐 아니라 독자가 작가에게 가장 적극적으로 영향을 미치는 방법은 역시 '구매'다. 나는 칼럼에서 "지식과 예술의 주주가 되는 것은 누구에게나 손쉽다"고 썼다. 얼마 전부터는 책이 상장된 주식과 같다는 생각을 한다. 작가와 출판사가 책이라는 주식을 발행하고 독자들은 그것을 매수하고 보유하는 것이다. 유명 작가는 다르겠지만 대개 초판 2,000부를 발간하게 된다. 그러니까 어느 작가의 책을 2권 산다면 대략 0.1퍼센트의 지분을 갖게 되는 셈이다. 20권만 사도 시중에 나와 있는 그 책의 1퍼센트를 가진 '대주주'가 된다.

물론 1쇄가 모두 판매되고 나면 2쇄, 3쇄, 계속 책이 발간되겠지만 그러한 증자를 실행하기 이전 공모주로서 '1판 1쇄' 지분의 가치는 그대로 남는다. 삼성전자 주식의 가치는 2017년 한 주당 280만 원이 조금 넘었다(액면분할 이전). 시가총액만

272조 원이 넘는 이 기업의 의미 있는 지분을 확보하기란 현실적으로 어렵다. 0.1퍼센트만 해도 2,720억 원이다. 그러나 독자의 책장에 꽂힌 이름 없는 작가들의 책은 언제나 0.1퍼센트 이상의 지분 가치를 가진다.

내가 기억하는 가장 적극적인 독자는 내 계좌번호를 묻더니 50만 원을 입금했다. 그러면서 책을 선물하고픈 지인들과 그들의 삶에 대한 간략한 정보를 보내고는, 책에 서명을 해서 배송해달라고 요청했다. 자신의 주변인들과 함께 책을 읽고 싶다고 했다. 그는 내가 기억하는 내 책의 '대주주'다.

얼마 전에 북카페에서 만난 독자는 나의 책에 서명을 받고는 주인에게 선물했다(강원도 원주의 '스몰굿씽'이라는 북카페였다). 나는 민망해서 그에게 "이렇게까지 안 하셔도 괜찮아요"라고 했는데, 그는 "이건 독자의 역할이에요. 저는 조금 더 적극적인 독자가 되고 싶어요" 하고 답했다. 그 역시 나와 내 책의 의미 있는 주주다.

독자는 책을 읽고 구매하는 것으로 만들어진 책의 지분을 갖는다. 그래서 작가와 출판사는 독자에게 어떠한 배당을 할 수 있을지를 지속적으로 고민해야 한다. 독자-작가-출판사(편집자)는 이처럼 책 한 권에서 긴밀한 관계를 맺고 있다. 해묵은 제안이라면, 작가는 더 열심히 글을 쓰고 출판사는 독자를 위한 굿즈goods(부록 상품)를 제작하는 것이다.

그러나 더 중요한 것이 있다. 작가는 글뿐 아니라 자신의 삶으

로 독자·편집자와의 관계성을 계속 유지해나가야 한다. 삶과 글
은 유리될 수밖에 없다고들 하지만, 작가는 꾸준히 자신의 글을
닮아가려는 시도를 해야 한다. 적어도 그가 이 시대에 대한 공감
과 울림을 의도하고 있다면 그렇다.

 편집자들 역시 자신의 '만드는' 노동을 조금 더 내보여야 한
다. 여기에는 작가와 독자의 관심 역시 필요할 텐데,『글쓰기의
최전선』을 쓴 은유 작가는 편집자들을 인터뷰한『출판하는 마
음』을 출간했다. 무척 멋진 일이다. 결국 가장 중요한 것은 서로
에 대한 존중과 배려이고, 타인을 상상하는 일이다.

 무엇보다 책은 쓰는 것이 아니라 만드는 것임을 모두가 감각
할 필요가 있다. '만든다'는 단어가 더욱 많은 사람을 예술과 지
식의 주주로, 참여자로 만들어낼 것이다. 내 글을 편집하고 책으
로 잡지와 책의 일부로 '만들'어준 모든 편집자께, 그리고 나의
글과 삶을 지켜봐주신 모든 독자께 무한한 존경을 담아 보낸다.

그해 겨울,
우리는 광장에 있었다

100만 명의 나와 만나는 심정

2016년 겨울, 100만 명이 넘게 모였다는 그 광장에 나도 있었다. 서울시청역 3번 출구로 나오자마자 자꾸만 눈물이 나려고 했다. 이유는 알 수 없었다. 다만 시청부터 광화문까지를 가득 메운 인파와 구호, 마주한 얼굴과 목소리가 모두 눈물겨웠다. 나와 닮은 사람들, 그러니까 '100만 명의 나'와 만나는 심정이었다. 입고 간 바람막이의 지퍼를 끝까지 올리고 그 안에서 몇 번 깊게 숨을 쉬었다. 울고 싶지는 않았다. 그러다 보니 조금은 마음이 차분해져서 천천히 앞으로 걸었다. 그날부터 국회에서 박근혜 대통령의 탄핵안이 가결되기까지 매주 광장으로 갔다.

나는 월드컵으로 광장을 배운 세대다. 2002년 6월 대한민국이 월드컵 4강에 진출하던 날, 신촌역부터 연세대학교 정문까지 태극기를 들고 뛰어다녔다. 거리의 사람들과도 눈이 맞으면 어깨동무하고서 응원가를 몇 번씩 부르고, 마지막에는 모두가 아는 대한민국 네 박자 박수를 치고는 작별했다. 그러면서 20세의 나는 '광장은 나의(우리의) 것'이라고 몸에 새겼다. 2004년에 다시 한번 광장으로 나갈 수 있었던 것은 아마도 그 때문이었다.

학회장이었던 나는 "노무현 대통령의 탄핵에 반대합니다"라는 성명서를 내고 후배들과 함께 광장에 섰다. 그러고는 올림픽이나 월드컵에 나선 국가대표를 응원하듯 즐겁게 '놀았'다. "흥겹게 노래 부르는 대학생들"이라는 제목과 함께 모 일간지에 사진이 실리기도 했다. 흥겨웠던 것은 광장이 온전한 나로서 존재할 수 있는 공간이었기 때문이다. 거기에서 나와 닮은 이들과 즐겁게 함께하는 것만으로도 충분하다고, 그렇게 굳게 믿었다.

그런데 2016년의 광장은 이전과는 사뭇 달랐다. 흥겨움보다는 분노와 슬픔이 광장을 감쌌다. 적어도 내가 느끼기에는 그랬다. 딱히 응원할 사람이 없고 미워할 사람들만 있었던 탓인지도 모르겠다. 이러한 감정이 어떻게 결집·분산될 것인지가 궁금했다. 시청에서 광화문 광장을 향해 조금씩 걸어나가면서 두려움과 호기심이 뒤섞였다.

광화문 광장에는 무대가 설치되어 있었다. 세종대왕 동상과 이순신 장군 동상 사이, 그 어디쯤이었던 것으로 기억한다. 첫날의 광장에서는 거대한 문화제를 했다. 우리가 아는 연예인과 가수들이 나와서 발언을 하고, 노래를 부르고 내려갔다. 그러한 행사가 결집된 분노와 슬픔을 효율적으로 통제해나갔다. 나도, 내 주변의 나'들'도 그들이 시키는 대로 줄을 서고, 구호를 외치고, 어느 방향을 바라보았다. 가수 이승환의 노래가 끝나자 사회자는 '집회 종료'를 선언했다. 가도 되나 하는 생각을 하다가 가도 되겠지 하고는 그 주변을 조금 걷다가 귀가했다.

'산책'에 자괴감이 든 사람들

토요일마다 찾은 두 번째, 세 번째 광장도 그다지 다르지 않았다. 그래서 어느 칼럼니스트는 "백 만이 만들어낼 수 있는 가장 작은 위협을 구현해낸 게 아닐까"라고 쓰기도 했다. 나는 규율과 질서 속에 광장을 걷다가 귀가하기를 반복했다. 하지만 그러면서 확연히 변화를 감지했다. 우선 분노와 슬픔은 분산되지 않고 꾸준히, 저마다의 몸에 층층이 쌓이고 있었다. 모두의 얼굴에서 웃음기가 옅어지고 조금 더 과격하거나 구체적인 구호가 나오기 시작했다.

그에 따라 세종대왕과 이순신 장군 사이에 있던 무대는 광화문 근처까지 전진했고, 청와대와 더욱 가까운 곳에 크고 작은 무대가 설치되기에 이르렀다. 조급해하는 편은 대개 40대와 50대, 그러니까 우리가 흔히 486이니 586이니 하고 부르는 이들이었다. 나와 내 또래인 30대, 아니면 더욱 젊은 청년들의 얼굴은 오히려 그들보다 여유가 있었다. 광장으로 쏟아져나온 나와 닮은 개인들. 그러나 그 닮음에도 세대에 따른 편차가 존재했다.

두 번째 광장을 경험하고 귀가한 날, 40대 후반인 '동네 형님'에게서 문자가 왔다. 광화문에 다녀왔는데 혹시 술 한잔 생각이 있으면 보자는 것이다. 그는 자신의 친구와 함께 곱창집에 앉아 있었다. "반갑습니다" 하고 인사하고 옆에 앉았는데 둘은 무척 허탈하거나 우울해 보였다. "잘 다녀오셨어요"라고 묻자 그는 "아이 뭐 그냥" 하고 한숨을 내뱉었다. 그의 친구와는 초면이었는데 인사를 주고받고는 곧 나에게 "오늘 우리가 시위를 나간 건지 산책을 나간 건지 알 수가 없네요"라고 말했다.

동네 형님은 옆에서 고개를 끄덕이며 술잔을 들었다. 둘은 자신들이 효자동 근처까지 다녀왔으며 아무것도 하지 못했음에 무척이나 자괴감이 든다고 몇 번이고 말했다. 그래서 나는 "아니 뭐, 산책도 의미가 있지 않겠습니까?"라고 물었다. 그 한마디로, 서로 같은 공간에 있었지만 다른 감정을 공유했음이 명확해졌다.

그들은 그날의 광장을 '산책'이라고 명명했다. 내게는 그것이 몹시 불편하게 다가왔다. 정확히 말하면 어느 정도는 모욕적이었다. 그들에게 광장의 시곗바늘은 아마도 1987년 6월로 고정되어 있을 것이다. 30년 전의 그들은 화염병을 던졌고 폴리스라인을 넘었다. 아니면 선배들의 '활약'을 지켜보았다. 그래서 '왜 고작 버스에 스티커를 붙이고 있느냐', '왜 폴리스라인을 넘으려는 시도를 하지 않느냐', '왜 노래를 부르고 귀가하느냐' 하고 광장의 다음 세대를, 자신을 닮지 않은 개인들을 비판한다.

『한겨레』 2016년 11월 14일 「젊은 벗이여! 촛불에서 멈추지 마십시오」에서는 자신들을 "오직 자유로운 하늘을 꿈꾼 죄로 전기고문과 물고문과 성고문까지 상상을 초월하는 폭력 아래서 몸과 마음이 걸레처럼 찢겨나가던 그 악몽의 시간 속에서도, 인간의 존엄성을 지켜 폭력에 굴복하지 않기 위해 수사관이 자리를 비운 틈을 타 취조실 난로의 석유를 자기 몸에 붓고 분신을 기도하던 젊은 영혼"으로 묘사한다. 그러나 다시 광장에 선 그들은 광장의 시곗바늘이 역사와 함께 돌고 있음을 외면한다. 물론 모두가 그런 것은 아니지만, 여전히 광장의 유일한 주체처럼 발화하는 이들이 있다. 나는 이것을 '광장의 사유화'라 규정하고 싶다.

누군가에게는 이미 일상이 '식민지'다

2016년의 광장에 선 새로운 세대는 그들보다 여유가 있었다. 조금 더 웃고, 촛불을 높이 들고, 자유로운 표정을 지었다. '장수풍뎅이 연구회'라는 문구를 새긴 깃발이 화제가 되고서는 저마다 '일 못하는 사람들 모임', '민주묘총' 같은 유쾌함을 광장에 덧입혔다. 내가 젊은 그들에게서, 그리고 스스로에게서 읽어낸 것은 '익숙함'이었다. 물론 선배들만큼 광장의 경험을 가진 것도 아니고 승리의 기억도 별로 없다. 월드컵 4강이 내 간절함과 구호로 이루어졌다고 생각하지도 않는다. 그러나 그날의 광장은 우리에게 일상과도 같은 익숙함으로 다가왔다.

내가 아는 대학원생 K는 2016년 겨울에 광장을 찾지 않았다. 30대 후반의 역사학 연구자인 그는 최순실의 국정농단에 그 누구보다 분노했지만 여전히 연구실에만 있었다. 그러면서 페이스북에 이런 글을 올렸다. "촛불이 타오른다고 해서 내 앞에 놓인 문제들이 결코 해결될 것 같지 않다. 나에게는 이미 일상이 식민지다." 그가 아는 많은 선배 연구자, 특히 교수들이 시국선언문에 서명했다. 그들은 어느 한 개인의 삶과 그를 둘러싼 구조를 '식민지'로 만드는 데 일조하고서 광장으로 나갔다. 그날 광장에는 새롭게 혹은 오랜만에 촛불을 밝힌 이들이 있었고, 오래된 촛불을 그대로 가슴에 품고 온 이들이 있었다. 그리고 자신의 외로운 광장에서 장수풍뎅이 애벌레처럼 웅크리고는 계속 촛불을 밝힌 이가 있었다.

대학원생 K의 페이스북 게시물은 그가 밝힌 하나의 촛불이었다. 그러나 그 불빛은 그의 친구들에게만 가서 닿았다. 게시물을 '친구공개'로 설정해두었기 때문이다. 내가 『나는 지방대 시간강사다』라는 책을 썼을 때, 그것을 전체공개로 공유한 대학원생은 많지 않았다. "지도교수님도 보는 페이스북 계정이라 차마 '좋아요'를 누르지 못했어요. 하지만 정말 많이 응원합니다." 이런 메시지도 몇 차례 받았다. 그만큼 촛불을 밝히는 일도, 누군가의 촛불을 나누어 받는 일도, 일상의 식민지를 살아가는 이들에게는 쉽게 허락되지 않는다. 결국 분노도, 슬픔도, 외로움도, 자신과 자신을 닮은 몇 안 되는 '친구'들에게만 가서 닿는다.

그렇게 '산책'이 끝나고, 다시 집으로 돌아가도 되겠다고 생각했다. 어디로 돌아가든 나의(우리의) 광장이 다시 기다리고 있기 때문이다. 나와 닮은 이들은 광장으로 나아온 길목을 따라 자신의 광장으로 걸었다. 저마다 촛불을 끄지 않은 채 일상의 식민지를 향했다. 적어도 우리에게 2016년 겨울의 그 광장은 특별한 공간이 아니었다.

자신의 일터에, 작업실에, 연구실에 놓아둔 촛불을 들고 나가 서로 만났을 뿐이다. 그런데 그 촛불을 켜게 만든 이들은 "이건 광장이 아니야"라고 불만을 토로하면서 우리와 같이 걸었다. 아마도 그들의 광장은, 그들의 촛불은, 거기에서 나와 일상으로 돌아가는 순간 사라질 것이다. 그리고 1987년의 광장만을 사모하는 그들은 아주 오래 타오르고 있는 타인의 촛불을 여전히 외면할 것이다.

N개의 촛불을 들고 광장에 서다

연애와 결혼, 출산을 포기한 청년들을 '삼포세대'라고 부르기 시작한 때가 2011년이다. 그때부터 청년들은 조용히 일상의 촛불을 밝혀왔고, 'N포'의 시대부터는 N개의 촛불을 켰다. 그런데 청년들만이 아니다. 여성들이, 청소년들이, 성소수자들이, 장애인들이, 비정규직 노동자들이 저마다 가슴에 품었던 N개의 촛불을 들고 광장으로 나왔다. 광장에 나오기마저 포기한 이들도 있었는데, "당신들과 함께 촛불을 들지 않겠다"라는 혐오를 드러낸 것이었다. 실제로 그나마 닮은 사람들이 함께했다고 믿었던 그 광장에서 어느 여성들은 성추행을 당했고, 어느 청소년들은 '기특한 학생들'이라는 위계를 나누는 발화에 시달렸고, 어느 누군가는 '우리'로서 함께할 수 없었다.

특히 여성들은 서울 강남역 살인사건 후 광장에서 촛불을 켜고 모두를 기다렸다. 그간 숨겨두었던 촛불을 들고 '여성 혐오'에 대해 처음으로 말하기 시작했다. 2016년 베스트셀러가 된 이민경의 『우리에겐 언어가 필요하다: 입이 트이는 페미니즘』 역시 그들이 스스로 밝히는 하나의 촛불이었다. 강남역 10번 출구에 붙은 포스트잇 하나하나가 저마다의 촛불이었다. 그러나 광장에 하나둘 모여든 그들은 '과격하다'거나 '폭력적이다'라는 비판에 시달려야 했다.

얼마 지나지 않아 최순실의 처벌과 박근혜의 퇴진을 외치며 광장으로 몰려나온 '우리'는 이미 그들의 촛불이 먼저 자리 잡고 있었음을 돌아보려 하지 않았다. 모른 척했다는 것이 더욱 알맞은 표현이다. 어쩌면 2016년 겨울의 그 광장은 "여기에 우리 '도' 있다"라는 목소리마저 잡아먹고 '새로운 우리'로 모두를 강제 편입시킨 거대한 괴물이었을지 모른다.

나는 광장에 모여 촛불을 들었던 100만 명이 넘는 사람이, 특히 광장을 사유화하려고 했던 그들이, 주변을 조금은 더 돌아보기를 바란다. 내 촛불은 끄더라도 자신의 촛불을 다른 공간으로 조심스레 옮기는 이들에게 눈길을 보내기를 바란다. 우리는 '그 광장' 이후를 상상해야 한다. 누군가는 여전히 자신의 광장에 남아서 다시 촛불을 밝힐 것이다. 거기에는 여성도, 청소년도, 성소수자도, 장애인도, 비정규직 노동자도 있다.

내 주변의 젊은 연구자들 역시 자신의 연구실에서 아주 작은 촛불을 밝힌다. 나와 그들은 시국성명서에 이름을 올리고 자신의 가족과 함께 광장에서 촛불을 들었던 선배 연구자와 교수들이 자신의 균열을 조금은 인식하기를 기대한다. 그들이 단숨에 '나를 닮은 너'가 되기를 바라지는 않는다. 다만, 광장의 경험을 통해 일상의 식민지와 그 공간에서 촛불을 밝히는 이들을 발견할 수 있기를 바란다.

"우리, 여기에 있다"

우리는 광장보다는 '밀실'에 있다. 은밀하게 작동하는 생체권력에서 자유로울 수 없다. 신체와 언어, 나아가 사유思惟까지도 스스로 검열하고 통제해나간다. 광장은 그 안에 존재하는 무수한 주체의 몸에 균열을 내는 공간이다. 광장을 경험하는 것은 그간 익숙해진 '순응하는 몸'에서 벗어나는 일이 된다. 2016년 겨울의 그 광장에서는 100만 명이 넘는 사람이 광장을 경험했다. 그들의 몸에는 크고 작은 균열이 이미 시작되었다. 거기에 가장 큰 의미를 두고 싶다.

그런데 광장에서 얻는 균열은 단순히 자기 자신을 둘러싼 구조의 모순과 마주하는 것이어서는 안 된다. 밀실에서 특별한 개인이 발견하는 그것과는 달라야 한다. 각자의 몸에(밀실에) 난 균열을 통해, 누군가는 광장으로 나아가는 길목을 발견할 것이다. 광장의 경험이란 그런 것이다. 외면하거나 그 틈을 메워버리는 이들 역시 적지 않을 것이지만, 길목에 발을 들여놓는 이들이 분명히 있다. 그래서 나는 우리가 당장에 어떤 거대한 변화와 혁명을 이끌 수 있다고는 기대하지 않는다. 반드시 그래야 할 필요도 없다. 한국 사회의 무수한 밀실에서 균열이 서서히 진행될 것으로 믿는다.

최인훈은 1964년판 『광장』 서문에 "거대한 코끼리의 자결을 다만 덩치 큰 구경거리로밖에 느끼지 못한 바보도 있을 것이며 봄 들판에 부유하는 민들레 씨앗 속에 영원을 본 사람도 있다"라고 썼다. 타인의 촛불을 바라보지 못하는 이들에게 광장은 거대한 밀실일 뿐이다. 광장에서 함께 촛불을 들었더라도 거대한 코끼리의 자결을 그저 구경거리로만 녹도한 바보와 같다. 그러나 자신의 균열을 발견한 이들에게 밀실은 거대한 광장이 된다. 민들레 씨앗에서 영원을 보듯, 존재하는 모든 공간을 광장으로 구성해낼 수 있다.

　나는 이렇게 묻고 싶다. "그래서, 우리는 최순실과 다른가?" 우리는 끊임없이 '갑'과 '을'의 경계를 넘나든다. 어디에서는 갑이고 다시 어디에서는 을이다. 타인의 촛불을 가장 먼저 인식할 수 있는 자리는 바로 '경계'일 것이다. 어느 공간에서든 경계境界로 한 발 물러서서 자신을 경계警戒하지 않으면 최순실을 닮아가게 된다. 누구든 자신의 자리에서 한 발 물러서서 보는 것만으로도, 그렇게 타인의 처지가 되어 생각해보는 것만으로도 밀실에서 광장으로 진입할 수 있다.

　뻔한 결론이지만, 우리는 연대해야 한다. 그러나 당장 무엇을 바꾸기 위한, 오늘 혁명을 하기 위한 투쟁이어서는 안 된다. 오늘만 광장이 존재하는 것처럼 의미를 부여하면, 자신의 광장에서 이미 N개의 촛불을 켜고 기다려온 사람들이 있음을 쉽게 잊게 된다. 그러나 내가 촛불을 끄고 돌아가더라도 여전히 또 다른 광장에서 촛불을 밝히는 이들이 있다.

　청소년이, 여성이, 성소수자가, 장애인이, 비정규직 노동자가, 그리고 소외의 언어조차 부여받지 못한 우리 주변의 누군가가 저마다의 광장에 존재한다. 오늘 광장이 처음 열린 것처럼, 다시는 열리지 않을 것처럼 그들을 잡아끌어서는 안 된다. 우리가 상상해야 할 '우리'는 아직도 너무나 많다. 연대는 그러한 이들을 기억하는 것, 그들의 처지에서 생각하는 것으로 시작해야 한다. 그런 느슨한 형태의 지속적인 연대가 필요한 시점이다.

아주 작은 집회, 몇몇이 이어나가는 독서모임, 오는 사람이 적어도 매달 개최되는 세미나, 언제나 적자를 걱정해야 하는 협동조합. 이처럼 여기저기 흩어져서 "우리, 여기에 있다"라고 목소리를 내는 '우리'를 기억해야 한다. 그렇게 우리는 어느 광장에 '함께' 존재할 수 있다.

1987년의 광장이든 2016년의 광장이든 사실 특별한 것은 아니다. 누군가가 오래 촛불을 밝혀온 모든 광장은 거대하고 영원하다. 최인훈이 『광장』에서 "인간은 광장에 나서지 않고는 살지 못하는 존재"라고 한 것처럼, 결국 모두가 자신의 길목을 따라 광장으로 나올 것이다. 그때 서로를 닮은 '우리'로서 조금은 더 반가이 마주할 수 있기를 바란다.

참담한,
자본의
애도

2018년 3월 28일, 경기도 남양주 이마트 도농점에서 무빙워크
를 수리하던 직원이 기계에 몸이 끼면서 사망했다. 21세, 협력
·하청업체 직원, 이 프로필은 우리에게 익숙하다. 2011년에는
이마트 경기도 일산 탄현점에서 냉동기 점검과 보수 작업을 하
던 22세 협력업체 직원이, 2016년에는 서울 구의역에서 스크
린도어를 수리하던 19세 협력업체 직원이 세상을 떠났다. 젊은
사람의 죽음은 더욱 슬프고 안타깝게 다가온다. 그 누구의 죽음
이 그렇지 않겠느냐만, 아직 제대로 피어보지 못한 꽃의 떨어짐
은 모두의 마음을 얼어붙게 한다.

그런데 사고 다음 날 이마트 도농점의 안내판에는 다음과 같
은 안내문이 붙었다.

"무빙워크 이용 안내, 현재 무빙워크 이용이 불가합니다. 지상 1층으로 이동하시는 고객께서는 엘리베이터를 이용해주시기 바랍니다."

무빙워크를 이용할 수 없다면 1층으로 이동할 수 있는 다른 방법을 안내해두어야 한다. 당연히 붙어야 할 안내문이다. 그런데 이마트 측은 거기에 작은 글씨로 한 문장을 덧붙여 두었다.

"쇼핑에 불편을 드려 대단히 죄송합니다."

이마트라는 쇼핑몰, 그들에게 한 청년의 죽음은 '쇼핑하는 데 준 불편함'으로 규정되었다. 나는 누군가가 직접 찍어 페이스북에 올린 안내문 사진을 보면서 몹시 참담했다. 동시에 모욕적이기도 했다. 이마트를 찾는 사람들이 모든 감정을 잘라내고 쇼핑에만 몰두하는 것은 아니다. 인간은 어디에서든 감정을 가진 하나의 자아로서 존재한다. "쇼핑에 불편을 드렸다"고 사죄하는 것보다, 그 자리에 국화라도 몇 송이 놓아두었다면, 마트를 찾은 사람들은 그를 애도할 수 있었을 것이다.

그 한 문장을 덧붙이지 않았다고 해서 항의할 사람은, 내가 짐작하기로는 많지 않다. 그러한 이들이 있다면 거기에서 어떤 일이 있었는지 그에게 설명해주면 된다. 고객을 위해 그러한 문구를 적었다는 것은 염치가 없는 핑계다. 자본이 사람을 애도하는 방식이 대개 이와 같다. 무언가 세련되어 보이지만 보는 이들의 품격을 떨어뜨리는 문구를 하나 걸어두고 책임에서 이탈한나.

그것은 희생자가 아닌 자신을 위한 비열한 방식의 애도이고, 비판을 피해가는 가장 효율적인 방식일 뿐이다.

나는 세월호 4주년인 그날, 그 바다에, "관광에(낚시에) 불편을 드려 대단히 죄송합니다" 하는 안내판이 붙어 있는 것을 잠시 상상했고, 그러다가 곧 그만두었다. 물론 관광지와 쇼핑몰을 단순히 비교하기는 어렵다. 특히 마트에서 물건을 사는 일은 가족의 저녁 밥상을 위해서 어떤 재난이 있더라도 계속되어야 한다. 다만, 안내판을 읽을 그들을, 계속 삶을 살아가야 할 우리를 애도할 감정마저 없는 존재로 격하시키면 안 된다. 그리고 우리 역시 그 감정에서 멀어지거나 무뎌져서도 안 되겠다. 누군가의 죽음을 두고 당신에게 불편을 드려 죄송함을 운운하는 안내판이 보이면 그 즉시 항의해야 한다. 마트든 어디든, '고객센터'라는 공간은 그럴 때 찾으라고 있는 것이다.

2018년 4월 16일에도 내가 아는 많은 사람은 저마다의 방식으로 애도했다. 그것은 SNS의 프로필 사진에 노란색 리본을 더하는 것으로 나타나기도 하고, 잠시 희생자를 떠올리며 기도하는 것으로 나타나기도 하고, 안산의 합동분향소를 찾는 것으로 나타나기도 했다. 나에게도 내 나름의 애도의 방식이 있다. 신용카드를 사용하고 서명을 할 때, 리본 모양을 그리는 것이다. 4년 동안 그것을 나의 서명으로 사용해왔다. 그러는 동안 단 한 번 어느 점원이 나에게 "어떤 의미가 있는 서명인가요?" 하고 물었다.

나는 그에게 "저, 그게, 추모의 의미입니다" 하고 답했다. 그는 잠시 나를 쳐다보더니 나에게 영수증을 건네며 "저도 앞으로 이 서명을 사용하겠습니다" 하고 말했다. 그가 정말로 리본 모양의 서명을 사용하고 있을지는 잘 모르겠다. 나는 여전히 물건을 살 때마다 리본을 그린다. 그 외에 내가 하는 것은 별로 없다. 다만 그렇게라도 일상에서 이 세월을 애도할 여유를 남겨두고 싶다.

사실 큰 재난을 애도하기는 쉽다. 우리가 아는 자본도 이때는 애도의 물결에 동참하거나 그것을 선도하기도 한다. 그러나 잔잔한 일상에도 재난은 찾아온다. 크고 작은 세월호가 언제나 우리 곁에 있다. 우리가 애도해야 할 대상은 자본에 종속되어 천박해진 이 세계 자체이고, 어쩌면 애도에서 점점 무뎌져가는 우리 자신인지도 모르겠다. 21세 이명수의 명복을 빈다.

경계인의 시선

ⓒ 김민섭, 2019

초판 1쇄 2019년 10월 14일 펴냄
초판 2쇄 2021년 4월 19일 펴냄

지은이 | 김민섭
펴낸이 | 강준우
기획·편집 | 박상문, 고여림
디자인 | 최진영
마케팅 | 이태준
관리 | 최수향
인쇄·제본 | ㈜ 삼신문화

펴낸곳 | 인물과사상사
출판등록 | 제17-204호 1998년 3월 11일

주소 | (04037) 서울시 마포구 양화로7길 6-16 서교제일빌딩 3층
전화 | 02-325-6364
팩스 | 02-474-1413

www.inmul.co.kr | insa@inmul.co.kr

ISBN 978-89-5906-542-4 03300

값 15,000원

이 도서의 국립중앙도서관 출판예정도서목록(CIP)은 서지정보유통지원시스템 홈페이지
(http://seoji.nl.go.kr)와 국가자료공동목록시스템(http://www.nl.go.kr/kolisnet)에서
이용하실 수 있습니다. (CIP제어번호: CIP2019039018)